CLASSIQUES D'AUJOURD'HUI

ALBERT CAMUS

LA CHUTE

EDITED BY

GERMAINE BRÉE
Kenan Professor Emerita,
Wake Forest University

SERIES EDITOR
TOM BISHOP
Florence Gould Professor
of French Literature,
Chairman, Center for French Civilization
and Culture
New York University

GALLIMARD/SCHOENHOF'S

Library of Congress Cataloging-in-Publication Data

Camus, Albert, 1913-1960.
  La chute.

  (Classiques d'aujourd'hui)
  Text in French; commentary in English.
  Bibliography : p. 133.
  I. Brée, Germaine. II. Title.
PQ2605.A3734C5 1985   843'.912   85-10283
ISBN 0-88332-465-2

Publié avec le concours du Ministère de la Culture.

INTRODUCTION

I. FIRST APPROACHES TO *LA CHUTE* :

From the time of its publication, La Chute *(1956) has been hailed as a work of unusual brilliance, perhaps Camus's best, a pungent comment on one of the dominant intellectual trends in post-war France. This short récit (first person narrative) has been variously interpreted. Yet the initial scenario is simple enough. The setting is Amsterdam, a few years after World War II. The arrival of a foreigner, a Frenchman, in a run-down bar called Mexico-City starts the story moving. He cannot speak Dutch, so one of the habitués of the bar, himself a Frenchman, offers his service as intermediary between the surly barman and the visitor who wants to order a glass of gin. But almost immediately the apparently straightforward situation takes a strange turn. The go-between, Jean-Baptiste Clamence, as he calls himself, turns out to be a non-stop talker. He and the visitor occupy center stage for five successive days. Their first three encounters take place in the bar, and constitute the first three parts of the narrative. The fourth an fifth parts take place on the same day, as the two companions go on an excursion to the village of Marken in the north of Holland and return at night by boat on the Zuiderzee. The next day they meet for the last time in Clamence's small bare room in the heart of Amsterdam where he lies in bed shivering with fever: five days, six parts, at least four carefully noted décors, with no apparent break in Clamence's monologue.*

Throughout the récit we, as readers, hear only the voice of the lone speaker. All the information we get, we get through him. He comments on a variety of situations and anecdotes which he provides. He formulates questions and indulges in speculations, assertions and points of view. Meanwhile, he registers his companion's reactions without ever quoting them directly. His usurping voice absorbs them into its own monologue, a favorite theatrical tactic that enables Clamence to subsume his interlocutor's acquiescence and complicity. So this companion is neither a real interlocutor nor a silent listener and the implied dialogue is a fiction. What then is the significance of that second presence. The ambiguity of the text becomes puzzling: a text presented as spoken, which is written and read; a text «improvised» from day to day yet obviously cunningly structured. Presumably Clamence's monologue constitutes Camus's text; but Clamence exists only within that text. What then is Camus's relation to his fictional character? And why furnish Clamence with an elusive and enigmatic double?

Camus himself is overtly absent from the text. But he has handed us a key to the work, its title La Chute *(The Fall). Whose fall? And what fall? Any allusion to «the fall» recalls the Judaeo-Christian component in our culture. The more familiar connection evokes the disobedience that led to Adam and Eve's exclusion from the garden of Eden. But before that fall, there was another, the fall into hell of the rebellious angels, led by* the most prestigious of them all, Lucifer. The title of the récit suggests that, despite the many concrete descriptive details of the setting, we are not dealing with a short story in the realistic mode. What explains Clamence's strange personality? To what extent is he a spokesman for Camus? And is his companion a stand-in for ourselves as readers?

II. JEAN-BAPTISTE CLAMENCE AND HIS WORLD

With the opening scene at the bar, Clamence establishes the ironic tone and sardonic derisiveness that dominate the first sections of his monologue. Amusing, certainly, are his witticisms and paradoxes on the primitive ape, the barman; or on modern man who spends his time fornicating and reading the papers; amusing enough to hold the attention of the passing visitor. Interwoven, however, and deliberate is Clamence's presentation of himself. He is a character with two names: one, hidden, we shall never know; the other, self-selected, is charged with awesome implications. John the Baptist, precursor and herald to the Redeemer crying «in the desert» (vox clamantis in deserto), whose camel's hair shirt is duplicated, as it were, in Clamence's old camel's hair coat. Furthermore we learn that his apparently casual intervention in favor of an embarrassed compatriot is part of a planned strategy, as is also his deliberate choice of Amsterdam as a place of exile. Clamence is fulfilling a self-inflicted penitence as compensation for a mysterious «fall». He has assumed the role of «judge-penitent». It entails in one of its aspects the compulsive re-telling of his story. La Chute then can be seen at one level as a confessional self-exposure, a narrative form widely used by Western novelists in the creation of

11

*fictional characters who thereby acquire a semblance
of autonomy.*

a) *Clamence's story*

*From encounter to encounter, Clamence unwinds
the complicated story of his fall. It involves three time
levels: the chronology of the episodes he recalls; the
story of his long drawn-out fall as he begins to question
his relation to his self-image; and his present activity
in the world of* Mexico-City. *The facts as he presents
them are as follows: a prosperous and brilliant lawyer
in Paris, he saw himself as true to the highest dictates
of his profession, until one night, crossing a bridge in
Paris, he heard laughter behind him. Self-doubt began
to undermine his noble gestures. He sees them as forms
of self-indulgence hiding a drive to domination. He
then begins to abandon his former patterns of beha-
vior, sinking into debauchery little by little. Finally
through self-analysis he uncovers the real core of his
anxiety, a scene buried in the past. Passing over
another bridge in Paris, he had seen a girl lean over the
parapet; then walking away, heard a splash and cries
for help but had gone on without stopping. This,
according to him, was the origin of his fall. It is only at
the end that he rather hastily recalls another unexpected episode. It took place some years before the episode
on the bridge, during World War II. As he tells it,
Clamence had been interned in a camp in Tripoli, at
the time of field-marshall Rommel's foray into North
Africa (1940-1942). There, in order to avoid dispute
over the distribution of scanty rations of water, he was
elected Pope on the initiative of an idealistic young
man for whom he had great affection. His was a sacred
trust, the mission to distribute justly the scant water.
But, when confronted by the case of a dying man, in*

desperate need of water, Clamence drank the other's share. He argued that this was necessary for the good of all in view of his function, and a more ethical choice than giving the water to the dying man [1].

The theme of laughter runs through the development of Clamence's confession and is connected with his decision to leave Paris, settle in Amsterdam, and assume his new role as «judge-penitent».

b) *Clamence's real project*

Clamence's story as such is not without its dissimulations that are left to the reader to discover. One point is clear: confession for Clamence is not a first step toward a new more positive way of life. His confessions quickly turn to accusation. The lawyer for the defense of the poor and innocent has become the attorney for the prosecution. He has adopted for this purpose a studied rhetoric. The accused «I» of the confessional mode becomes a «they», or, like the «gorilla» in the bar, a «he», a type upon whom he and his companion can pass contemptuous judgment, united in a shared cultural and social superiority. From the «I», to the «he», to «we», to «mankind», Clamence, the prosecutor, draws everyone into the same net of guilt whether it be for not tolerating that the maid look sad or for depriving a dying man of water. From prosecutor, the transition to judge is easy; Clamence puts all mankind on trial and finds all men equally guilty, and so he can exonerate himself from responsibility.

1. I am greatly indebted here to an excellent unpublished paper (1984) by Thomas Nicholson who brought out the significance of this episode often passed over. The paper is entitled « Forgiveness Lost : *The Fall* of Camus » and presents a remarkable analysis of this episode in relation to the episode of the stolen Van Eyck painting.

Moving from irony to pathos, from an ingratiating smoothness to barely veiled aggressiveness, he finally discloses his true gospel: mankind is incapable of living in freedom. Its only hope is to accept subservience to the superior will of a messiah who dispenses the rewards and punishments of total servitude.

What of the companion for whose conversion to this doctrine Clamence has mustered so much persuasive eloquence? In appearance at least he is a Clamence before the Fall, a prosperous, well-educated Parisian lawyer, like Clamence in his forties; a contemporary and, although only up to a certain point, an alter ego. Has Clamence won him over to his cause? This is a point left to the reader to decide. Toward the end of the récit in the last episode, he apparently begins to question Clamence with some skepticism. And once, at a particularly crucial moment, he laughs. Clamence cannot stand laughter, which he construes as mockery. The listener, it seems, may not have taken Clamence's confession at face-value.

III. DOMINANT MOTIFS

Besides Clamence's psychological observations and disquisitions concerning human beings, certain motifs run throughout the text.

1. The concentric canals of Holland which Clamence compares to the circles in Dante's Inferno, a comparison re-inforced by the image of Holland as a kind of limbo.

2. The strange image of the doves that fill the sky and never come to rest.

3. The recurrent motif of a stolen painting, missing from the bar-room wall.

4. Water: it is the dominant element in the story.

All these themes come together and are clarified in the last episode.

1. Clamence is intent on transforming Holland into Hell. He is taking his interlocutor on a journey with him through the circles of the Dantesque Inferno. They finally reach the last circle in which Clamence resides, the circle of the betrayer, where Satan, with whom Clamence identifies, reigns; but he sees himself only as a petty Satan for «mediocre times». It is his last avatar: lawyer for the defense of the just; self-accuser; penitent; prosecutor; judge; Satan. Clamence appears to us at the end as a master of masquerade. When the show is over, what we see is a sick man shivering in a small room, a pitiful self-tormentor.

2. The doves: This theme is linked to Clamence's John the Baptist role. When John baptized Christ, a dove, we are told, descended over Christ's head. But in Clamence's Holland, there is no place for doves to alight. The doves are emblems of divine grace.

3. The stolen painting. As a narrator would in a detective story Clamence shrouds this theme in mystery. He reveals the solution, though not its significance, only at the very end. Camus in this instance has put to good use a well-known episode of the thirties. One of the most prized of Dutch paintings, by the brothers Van Eyck, «The Adoration of the Mystical Lamb», represents a large congregation of people from all walks of life coming to adore the «mystical lamb». The lamb representing the Redeemer is in the center panel. The whole picture depicts the triumph of Christ the Redeemer over the Fall and the inauguration of an era of happiness. One of the wings of the side panel was stolen in 1937 and has never been found. It was replaced by an imitation. That panel pictured a group of «Juges intègres», righteous judges who come to adore the lamb. Clamence reveals that he has hidden the panel in his room, so that in the painting the image of justice paying homage to divine innocence is destroyed. It is up to the reader to uncover the significance of the theme in Clamence's curious universe and the motivation behind his act. Historians of art point out that above the lamb in the center of the composition a dove hovers, a symbol of the union of all men with God through the love of the Redeemer. In front of the altar is a freely flowing fountain, the fountain of life.

4. Water. A rainsoaked Amsterdam, its canals and inland sea furnish the décor of Clamence's exile. The crucial episodes in his Fall are connected with water: the Seine and its bridges in Paris; water, scarce and precious, which as Pope it was his task to distribute. Water, in fact, its presence or absence, is the dominant motif in La Chute *as the sun was in Camus's first published narrative* L'Étranger.

These motifs raise the question of the over-all significance of the text, and the aura of strangeness that emanates from it. There are enough allusions to contemporary events to raise questions concerning their relation to the underpinnings of the text, to the historical and biographical circumstances that inspired it. The motifs all relate to Christianity, but to a mutilated Christianity: hell with no heaven; guilt without redemption.

IV. CONTEXTS:

HISTORICAL AND BIOGRAPHICAL CIRCUMSTANCES

At the beginning of La Chute *an allusion to the tragic deportation of the Jews situates the adventures of*

Clamence in historical time, as do the references to Rommel and to the theft of the Van Eyck panel. In a short note to the first edition Camus stressed the point: «The man who speaks in La Chute is indulging in a carefully calculated confession. In Amsterdam, city of canals and cold light, where he is acting out the role of hermit and prophet, this erstwhile lawyer lies in wait, in a rundown bar for obliging visitors. He has a modern heart, that is to say he can't bear to be judged. He eagerly sets up the case against himself so as the more easily to judge others.» A modern mind? It is a contemporary intellectual mood, not a human being, that Camus through Clamence sought to dramatize. For the English translation of the book, he provided a further indication, an epigraph from A Hero of our Time, a novel by the Russian Lermontov: «A hero of our time, gentlemen, is in fact a portrait, but not of an individual; it is the aggregate of the vices of our whole generation, in their fullest expression.»

Clamence and his elusive companion belong to Camus's generation, the generation that lived through World War II. Both are in their forties, as was Camus at the time he wrote La Chute. Given the persuasiveness of Clamence's confessional «I», it is not surprising that some critics all too hastily read the book as an indirect personal confession. Why?

During World War II, Camus's life had changed drastically. The publication of L'Étranger, Le Mythe de Sisyphe, and Caligula had placed him, along with Jean-Paul Sartre, among the few rising stars of French literature. After a period of illness he had come to Paris and, as journalist, he had edited a clandestine resistance paper, Combat. The Liberation brought him doubly into the limelight. He was idealized as an exemplary figure. After the Liberation, the high idealism and tensions of the Resistance groups gave way to

17

a period of self-questioning and anxiety as the political realities of the hour displaced the idealistic plans for a reconstruction of French society. It was to be a «just» society, a socialist France, as projected in theoretical terms by Marx. But the specter of Stalinist Russia, to whose leadership the French Communist Party looked, cast its shadow over the socio-political scene. In his long essay L'Homme révolté (1951), Camus had developed an analysis of the ideological roots of totalitarianism, whether Fascist or Stalinist, according to him two perversions of theoretical socialist ideals which he carefully distinguished.

Camus's former friends, Sartre and his group of leftist intellectuals had in the meantime, and it eventually turned out temporarily, opted to support the French Communist Party, and thereby Russia, in what they believed to be the interests of the French working class. They attacked Camus brutally and quite unscrupulously, derisively mocking his public image as a model of moral and intellectual integrity. Camus was deeply hurt by the unexpected virulence of the attack. The Algerian War brought further turmoil in Camus's life. A native of Algeria, he had always supported the Muslim struggle for civil rights. As in the fifties the struggle became acute, he clung to the hope of a negotiated solution which would spare both sides the costly violence of a civil war; and he worked toward that end. When it became obvious that a full scale war was inevitable, he refused to take sides. The Paris intelligentsia again derided him for what they considered to be lack of courage. Both those issues today seem rather to underscore Camus's courage and integrity. There are echoes of these incidents in the account of the fall of Clamence from the sunlit heights of moral self-satisfaction to the discomforts of his «cell of little-ease» and in his memory of the derisive laughter he had had to suffer. But it is certainly a mistake to suggest that Camus is making of himself a scapegoat.

Clamence's rhetoric is very close to that of Sartre in his denunciation of Camus. And, as some critics have noted, Camus had unerringly highlighted some of the weaknesses of Sartrean existential psychoanalysis. The satire here goes deep, as Sartre realized. In this respect La Chute *is a work of catharsis. What it rejects, via Clamence, is the self-doubt and the questioning of traditional human values caused by the destructive forces unleashed in World War II. Clamence's evangel debases all humanity defined in terms only of the evil to which he sees human beings as addicted. Thence his doctrine of salvation through total coercions, a doctrine he himself does not believe in.*

Some of Camus's readers saw in Jean-Baptiste Clamence, prophet of modern man's impotence, the annunciation of Camus's return to the Church, a potential conversion to the Christian faith Camus denied. He had always been an agnostic, and remained so. Nevertheless, as one of his Christian critics notes, «his last completed works are deeply informed by Christian thought... In the modern despair of both faith and reason, Camus perceived the eclipse of the human spirit... In Camus's last works a single reality and concern threaten to preside: human evil or sin [2]. That evil as he saw it, as Augustine had seen it, is born of abstraction and of the human delusion that thought can control all things, is the measure of all things. It is this dream of power that drives Clamence and which Camus discerns as the death-bearing plague in our society. In this frame, a domineering religious doctrine

2. Albert Camus. *The Essential Writings.* Edited with interpretive essays by Robert E. Meagher. Hauper Colophon Books, New York, 1979, p. 236-237.

will tend, like Clamence's, to create a human inferno.

V. *PLACE OF* LA CHUTE *IN CAMUS'S WORK*

A short period of discouragement for Camus followed the controversy over L'Homme révolté. *But he was planning a last major development in his work, leaving behind him the immediate political involvements of the hour. In the meantime, he had undertaken to write a series of short stories grouped under the title* L'Exil et le Royaume. La Chute *at first was to be one of these. A short two-day visit to Holland seems to have given the story its impetus. It took on an almost independent momentum and so outgrew the format of the short story. It can be read as itself a kind of Janus-like creation, looking in two directions, back to Camus's previous concerns in* La Peste *and* L'Homme révolté, *and forward to the more detached and serene view to which* L'Exil et le Royaume *opens the way. Like Clamence's interlocutor, Camus with* La Chute *was taking leave of an era. His death in 1960 leaves his readers, with him, on that threshold.*

Germaine Brée

Puis-je, monsieur, vous proposer mes services [1], sans risquer d'être importun? Je crains que vous ne sachiez vous faire entendre de l'estimable gorille qui préside aux destinées de cet établissement. Il ne parle, en effet, que le hollandais. A moins que vous ne m'autorisiez à plaider votre cause, il ne devinera pas que vous désirez du genièvre. Voilà, j'ose espérer qu'il m'a compris; ce hochement de tête doit signifier qu'il se rend à mes arguments. Il y va, en effet, il se hâte avec une sage lenteur. Vous avez de la chance, il n'a pas grogné. Quand il refuse de servir, un grognement lui suffit : personne n'insiste. Etre roi de ses humeurs, c'est le privilège des grands animaux. Mais je me retire, monsieur, heureux de vous avoir obligé. Je vous remercie [2] et j'accepterais si j'étais sûr de ne pas jouer les fâcheux [3]. Vous êtes trop bon. J'installerai donc mon verre auprès du vôtre.

1. **services** : *the speaker is proposing to act as go-between for the foreigner who does not speak Dutch.*
2. *This is the first indication that the interlocutor is not silent; his participation all through can be inferred from the speaker's reaction.*
3. **un fâcheux** : a bore, intruder.

Vous avez raison, son mutisme est assourdissant. C'est le silence des forêts primitives, chargé jusqu'à la gueule. Je m'étonne parfois de l'obstination que met notre taciturne ami à bouder les langues civilisées. Son métier consiste à recevoir des marins de toutes les nationalités dans ce bar d'Amsterdam qu'il a appelé d'ailleurs, on ne sait pourquoi, *Mexico-City*. Avec de tels devoirs, on peut craindre, ne pensez-vous pas, que son ignorance soit inconfortable? Imaginez l'homme de Cro-Magnon [4] pensionnaire à la tour de Babel! Il y souffrirait de dépaysement, au moins. Mais non, celui-ci ne sent pas son exil, il va son chemin, rien ne l'entame. Une des rares phrases que j'aie entendues de sa bouche proclamait que c'était à prendre ou à laisser [5]. Que fallait-il prendre ou laisser? Sans doute, notre ami lui-même. Je vous l'avouerai, je suis attiré par ces créatures tout d'une pièce. Quand on a beaucoup médité sur l'homme, par métier ou par vocation, il arrive qu'on éprouve de la nostalgie pour les primates. Ils n'ont pas, eux, d'arrière-pensées.

Notre hôte, à vrai dire, en a quelques-unes, bien qu'il les nourrisse obscurément. A force de ne pas comprendre ce qu'on dit en sa présence, il a pris un caractère défiant. De là cet air de gravité ombrageuse [6], comme s'il avait le soupçon, au moins, que quelque chose ne tourne pas rond entre les hommes. Cette disposition rend moins faciles les discussions qui ne concernent pas son métier. Voyez, par exemple, au-dessus de sa tête, sur le mur du fond, ce rectangle vide qui marque

---

4. *Cromagnon man is thought to have lived some 35,000 years ago. First found in Southwest France, he is considered as belonging to the same species as modern man.*
5. You could take it or leave it (*O'Brien*).
(*This and other references to O'Brien refer to the translation of* La chute *by Justin O'Brien :* The Fall, *New York, Knopf, 1957.*)
6. **ombrageuse :** touchy.

la place d'un tableau décroché [7]. Il y avait là, en effet, un tableau, et particulièrement intéressant, un vrai chef-d'œuvre. Eh bien, j'étais présent quand le maître de céans l'a reçu et quand il l'a cédé. Dans les deux cas, ce fut avec la même méfiance, après des semaines de rumination. Sur ce point, la société a gâté un peu, il faut le reconnaître, la franche simplicité de sa nature.

Notez bien que je ne le juge pas. J'estime sa méfiance fondée et la partagerais volontiers si, comme vous le voyez, ma nature communicative ne s'y opposait. Je suis bavard, hélas! et me lie facilement. Bien que je sache garder les distances qui conviennent, toutes les occasions me sont bonnes. Quand je vivais en France, je ne pouvais rencontrer un homme d'esprit sans qu'aussitôt j'en fisse ma société. Ah! je vois que vous bronchez sur cet imparfait du subjonctif. J'avoue ma faiblesse pour ce mode, et pour le beau langage, en général. Faiblesse que je me reproche, croyez-le. Je sais bien que le goût du linge fin ne suppose pas forcément qu'on ait les pieds sales. N'empêche. Le style, comme la popeline, dissimule trop souvent de l'eczéma. Je m'en console en me disant qu'après tout, ceux qui bafouillent, non plus, ne sont pas purs. Mais oui, reprenons du genièvre.

Ferez-vous un long séjour à Amsterdam? Belle ville, n'est-ce pas? Fascinante? Voilà un adjectif que je n'ai pas entendu depuis longtemps. Depuis que j'ai quitté Paris, justement, il y a des années de cela. Mais le cœur a sa mémoire [8] et je n'ai rien oublié de notre belle capitale, ni de ses quais. Paris est un vrai trompe-l'œil, un superbe décor habité par quatre millions de

---

7. *The mystery and significance of the missing painting will only be explained at the end of the book.*

8. *Ironic reference to Pascal's* Pensées : **Le cœur a ses raisons que la raison ne connaît point.**

silhouettes. Près de cinq millions, au dernier recensement? Allons, ils auront fait des petits [9]. Je ne m'en étonnerai pas. Il m'a toujours semblé que nos concitoyens avaient deux fureurs : les idées et la fornication. A tort et à travers, pour ainsi dire. Gardons-nous, d'ailleurs, de les condamner; ils ne sont pas les seuls, toute l'Europe en est là. Je rêve parfois de ce que diront de nous les historiens futurs. Une phrase leur suffira pour l'homme moderne : il forniquait et lisait des journaux. Après cette forte définition, le sujet sera, si j'ose dire, épuisé.

Les Hollandais, oh non, ils sont beaucoup moins modernes! Ils ont le temps, regardez-les. Que font-ils? Eh bien, ces messieurs-ci vivent du travail de ces dames-là. Ce sont d'ailleurs, mâles et femelles, de fort bourgeoises créatures, venues ici, comme d'habitude, par mythomanie ou par bêtise. Par excès ou par manque d'imagination, en somme. De temps en temps, ces messieurs jouent du couteau ou du revolver, mais ne croyez pas qu'ils y tiennent. Le rôle l'exige, voilà tout, et ils meurent de peur en lâchant leurs dernières cartouches. Ceci dit, je les trouve plus moraux que les autres, ceux qui tuent en famille, à l'usure. N'avez-vous pas remarqué que notre société s'est organisée pour ce genre de liquidation? Vous avez entendu parler, naturellement, de ces minuscules poissons des rivières brésiliennes [10] qui s'attaquent par milliers au nageur imprudent, le nettoient, en quelques instants, à petites bouchées rapides, et n'en laissent qu'un squelette immaculé? Eh bien, c'est ça, leur organisation. « Voulez-vous d'une vie propre? Comme tout le monde? » Vous dites oui, naturellement. Comment dire

9. They must have produced babies (i.e. multiplied).
10. *Piranhas, a well-known species of small Brazilian fresh water fish which are reputed to attack and devour in minutes any creature who has the slightest cut that bleeds.*

non? « D'accord. On va vous nettoyer. Voilà un métier, une famille, des loisirs organisés. » Et les petites dents s'attaquent à la chair, jusqu'aux os. Mais je suis injuste. Ce n'est pas leur organisation qu'il faut dire. Elle est la nôtre, après tout : c'est à qui nettoiera l'autre.

On nous apporte enfin notre genièvre. A votre prospérité. Oui, le gorille a ouvert la bouche pour m'appeler docteur. Dans ces pays, tout le monde est docteur, ou professeur. Ils aiment à respecter, par bonté, et par modestie. Chez eux, du moins, la méchanceté n'est pas une institution nationale. Au demeurant, je ne suis pas médecin. Si vous voulez le savoir, j'étais avocat avant de venir ici. Maintenant, je suis juge-pénitent.

Mais permettez-moi de me présenter : Jean-Baptiste Clamence, pour vous servir. Heureux de vous connaître. Vous êtes sans doute dans les affaires? A peu près? Excellente réponse! Judicieuse aussi; nous ne sommes qu'à peu près en toutes choses. Voyons, permettez-moi de jouer au détective. Vous avez à peu près mon âge, l'œil renseigné des quadragénaires qui ont à peu près fait le tour des choses, vous êtes à peu près bien habillé, c'est-à-dire comme on l'est chez nous, et vous avez les mains lisses. Donc, un bourgeois, à peu près! Mais un bourgeois raffiné! Broncher sur les imparfaits du subjonctif, en effet, prouve deux fois votre culture puisque vous les reconnaissez d'abord et qu'ils vous agacent ensuite. Enfin, je vous amuse, ce qui, sans vanité, suppose chez vous une certaine ouverture d'esprit. Vous êtes donc à peu près... Mais qu'importe? Les professions m'intéressent moins que les sectes. Permettez-moi de vous poser deux questions et n'y répondez que si vous ne les jugez pas indiscrètes. Possédez-vous des richesses? Quelques-unes? Bon. Les avez-vous partagées avec les pauvres? Non. Vous êtes donc ce que j'appelle un saducéen [11]. Si vous n'avez pas pratiqué les Écritures, je reconnais que vous n'en serez pas plus avancé. Cela vous avance? Vous connaissez donc les Écritures? Décidément, vous m'intéressez.

Quant à moi... Eh bien, jugez vous-même. Par la taille, les épaules, et ce visage dont on m'a souvent dit qu'il était farouche, j'aurais plutôt l'air d'un joueur de rugby, n'est-ce pas? Mais si l'on en juge par la conversation, il faut me consentir un peu de raffinement. Le chameau qui a fourni le poil de mon pardessus souffrait sans doute de la gale; en revanche, j'ai les ongles faits. Je suis renseigné, moi aussi, et pourtant, je me confie à vous, sans précautions, sur votre seule mine. Enfin, malgré mes bonnes manières et mon beau langage, je suis un habitué des bars à matelots du Zeedijk. Allons, ne cherchez plus. Mon métier est double, voilà tout, comme la créature. Je vous l'ai déjà dit, je suis juge-pénitent. Une seule chose est simple dans mon cas, je ne possède rien. Oui, j'ai été riche, non je n'ai rien partagé avec les autres. Qu'est-ce que cela prouve? Que j'étais aussi un saducéen... Oh! entendez-vous les sirènes du port? Il y aura du brouillard cette nuit, sur le Zuyderzee [12].

Vous partez déjà? Pardonnez-moi de vous avoir peut-être retenu. Avec votre permission, vous ne paierez pas. Vous êtes chez moi à *Mexico-City*, j'ai été particulièrement heureux de vous y accueillir. Je serai certainement ici demain, comme les autres soirs, et

---

11. Sadducees : *a sect of Jews mostly upper-class, who were known for their austere ethical stance and their rejection of the more esoteric beliefs in the resurrection and the second coming of the Messiah.*
12. The Zuiderzee : *a large shallow gulf closed off in the north by a barrage to make an artificial inland sea, bordered by polders. The outer North-Sea islands are joined to the mainland by dykes.*

j'accepterai avec reconnaissance votre invitation. Votre chemin... Eh bien... Mais verriez-vous un inconvénient, ce serait le plus simple, à ce que je vous accompagne jusqu'au port? De là, en contournant le quartier juif, vous trouverez ces belles avenues où défilent des tramways chargés de fleurs et de musiques tonitruantes. Votre hôtel est sur l'une d'elles, le Damrak. Après vous, je vous en prie. Moi, j'habite le quartier juif, ou ce qui s'appelait ainsi jusqu'au moment où nos frères hitlériens y ont fait de la place. Quel lessivage [13]! Soixante-quinze mille juifs déportés ou assassinés, c'est le nettoyage par le vide. J'admire cette application, cette méthodique patience! Quand on n'a pas de caractère, il faut bien se donner une méthode. Ici, elle a fait merveille, sans contredit, et j'habite sur les lieux d'un des plus grands crimes de l'histoire. Peut-être est-ce cela qui m'aide à comprendre le gorille et sa méfiance. Je peux lutter ainsi contre cette pente de nature qui me porte irrésistiblement à la sympathie. Quand je vois une tête nouvelle, quelqu'un en moi sonne l'alarme. « Ralentissez. Danger! » Même quand la sympathie est la plus forte, je suis sur mes gardes.

Savez-vous que dans mon petit village, au cours d'une action de représailles, un officier allemand a courtoisement prié une vieille femme de bien vouloir choisir celui de ses deux fils qui serait fusillé comme otage? Choisir, imaginez-vous cela? Celui-là? Non, celui-ci. Et le voir partir. N'insistons pas, mais croyez-moi, monsieur, toutes les surprises sont possibles. J'ai connu un cœur pur qui refusait la méfiance. Il était

---

13. what a clean-up. *The Nazis deported almost all the Jews in Amsterdam, representing 10 % of the entire population.*
Clamence fails to mention the fact that the city of Amsterdam won the right to carry on its coat of arms, the words « Heroic, Resolute, Merciful » because of its citizens's attempt to protect the Jews.

pacifiste, libertaire, il aimait d'un seul amour l'humanité entière et les bêtes. Une âme d'élite, oui cela est sûr. Eh bien, pendant les dernières guerres de religion, en Europe, il s'était retiré à la campagne. Il avait écrit sur le seuil de sa maison : « D'où que vous veniez, entrez et soyez les bienvenus. » Qui, selon vous, répondit à cette belle invitation ? Des miliciens, qui entrèrent comme chez eux et l'étripèrent [14].

Oh! pardon, madame! Elle n'a d'ailleurs rien compris. Tout ce monde, hein, si tard, et malgré la pluie, qui n'a pas cessé depuis des jours! Heureusement, il y a le genièvre, la seule lueur dans ces ténèbres. Sentez-vous la lumière dorée, cuivrée, qu'il met en vous? J'aime marcher à travers la ville, le soir, dans la chaleur du genièvre. Je marche des nuits durant, je rêve, ou je me parle interminablement. Comme ce soir, oui, et je crains de vous étourdir un peu, merci, vous êtes courtois. Mais c'est le trop-plein; dès que j'ouvre la bouche, les phrases coulent. Ce pays m'inspire, d'ailleurs. J'aime ce peuple, grouillant sur les trottoirs, coincé dans un petit espace de maisons et d'eaux, cerné par des brumes, des terres froides, et la mer fumante comme une lessive. Je l'aime, car il est double. Il est ici et il est ailleurs.

Mais oui! A écouter leurs pas lourds, sur le pavé gras, à les voir passer pesamment entre leurs boutiques, pleines de harengs dorés et de bijoux couleur de feuilles mortes, vous croyez sans doute qu'ils sont là, ce soir? Vous êtes comme tout le monde, vous prenez ces braves gens pour une tribu de syndics et de marchands, comptant leurs écus avec leurs chances de vie éternelle, et dont le seul lyrisme consiste à prendre parfois, couverts de larges chapeaux, des leçons d'ana-

14. made themselves right at home and disemboweled him. **Les miliciens** : *French police working with the Nazis during the German occupation of France 1940-1944.*

tomie [15] ? Vous vous trompez. Ils marchent près de nous, il est vrai, et pourtant, voyez où se trouvent leurs têtes : dans cette brume de néon, de genièvre et de menthe qui descend des enseignes rouges et vertes. La Hollande est un songe, monsieur, un songe d'or et de fumée, plus fumeux le jour, plus doré la nuit, et nuit et jour ce songe est peuplé de Lohengrin [16] comme ceux-ci, filant rêveusement sur leurs noires bicyclettes à hauts guidons, cygnes funèbres qui tournent sans trêve, dans tout le pays, autour des mers, le long des canaux. Ils rêvent, la tête dans leurs nuées cuivrées, ils roulent en rond, ils prient, somnambules, dans l'encens doré de la brume, ils ne sont plus là. Ils sont partis à des milliers de kilomètres, vers Java, l'île lointaine. Ils prient ces dieux grimaçants de l'Indonésie dont ils ont garni toutes leurs vitrines, et qui errent en ce moment au-dessus de nous, avant de s'accrocher, comme des singes somptueux, aux enseignes et aux toits en escaliers, pour rappeler à ces colons nostalgiques que la Hollande n'est pas seulement l'Europe des marchands, mais la mer, la mer qui mène à Cipango [17], et à ces îles où les hommes meurent fous et heureux.

Mais je me laisse aller, je plaide! Pardonnez-moi. L'habitude, monsieur, la vocation, le désir aussi où je suis de bien vous faire comprendre cette ville, et le cœur des choses! Car nous sommes au cœur des choses. Avez-vous remarqué que les canaux concentri-

15. *Allusion to the famous painting by Rembrandt entitled* The Anatomy Lesson of Doctor Joan Deyman, *painted in 1632.*
16. **Lohengrin** : *a knight of the Holy Grail who appeared in Antwerp, riding on a swan.*
17. **Cipango** : *name for the fabulous region now known as Indonesia, the spice islands of the Malay archipelago of which the best-known is Java, the goal of Dutch traders and a source of Dutch wealth. The Dutch East Indian Company was founded in 1602. Dutch ships followed the route around the Cape of Good Hope dreaming of profit and adventure.*

ques d'Amsterdam ressemblent aux cercles de l'enfer [18]? L'enfer bourgeois, naturellement peuplé de mauvais rêves. Quand on arrive de l'extérieur, à mesure qu'on passe ces cercles, la vie, et donc ses crimes, devient plus épaisse, plus obscure. Ici, nous sommes dans le dernier cercle. Le cercle des... Ah! Vous savez cela? Diable, vous devenez plus difficile à classer. Mais vous comprenez alors pourquoi je puis dire que le centre des choses est ici, bien que nous nous trouvions à l'extrémité du continent. Un homme sensible comprend ces bizarreries. En tout cas, les lecteurs de journaux et les fornicateurs ne peuvent aller plus loin. Ils viennent de tous les coins de l'Europe et s'arrêtent autour de la mer intérieure, sur la grève décolorée. Ils écoutent les sirènes, cherchent en vain la silhouette des bateaux dans la brume, puis repassent les canaux et s'en retournent à travers la pluie. Transis, ils viennent demander, en toutes les langues, du genièvre à *Mexico-City*. Là, je les attends.

A demain donc, monsieur et cher compatriote. Non, vous trouverez maintenant votre chemin; je vous quitte près de ce pont. Je ne passe jamais sur un pont, la nuit [19]. C'est la conséquence d'un vœu. Supposez, après tout, que quelqu'un se jette à l'eau. De deux choses l'une, ou vous l'y suivez pour le repêcher et, dans la saison froide, vous risquez le pire! Ou vous l'y abandonnez et les plongeons rentrés laissent parfois d'étranges courbatures. Bonne nuit! Comment? Ces dames, derrière ces vitrines [20]? Le rêve, monsieur, le

---

18. *First allusion to Dante's* Inferno; *Dante reserved the last circle of hell for traitors, Satan first among them. Amsterdam is built on an arm of the Zuiderzee and consists of some seventy islands, divided by canals and connected by bridges.*
19. *Why, the reader wonders, such a phobia? Clamence will clarify these remarks only toward the end of his monologue.*
20. *In the run-down section around the port, prostitutes ply their trade openly.*

rêve à peu de frais, le voyage aux Indes! Ces personnes se parfument aux épices. Vous entrez, elles tirent les rideaux et la navigation commence. Les dieux descendent sur les corps nus et les îles dérivent, démentes, coiffées d'une chevelure ébouriffée de palmiers sous le vent. Essayez.

Qu'est-ce qu'un juge-pénitent? Ah! je vous ai intrigué avec cette histoire. Je n'y mettais aucune malice, croyez-le, et je peux m'expliquer plus clairement. Dans un sens, cela fait même partie de mes fonctions. Mais il me faut d'abord vous exposer un certain nombre de faits qui vous aideront à mieux comprendre mon récit.

Il y a quelques années, j'étais avocat à Paris et, ma foi, un avocat assez connu. Bien entendu, je ne vous ai pas dit mon vrai nom. J'avais une spécialité : les nobles causes. La veuve et l'orphelin, comme on dit, je ne sais pourquoi, car enfin il y a des veuves abusives et des orphelins féroces. Il me suffisait cependant de renifler sur un accusé la plus légère odeur de victime pour que mes manches entrassent en action [21]. Et quelle action! Une tempête! J'avais le cœur sur les manches. On aurait cru vraiment que la justice couchait avec moi tous les soirs. Je suis sûr que vous auriez admiré l'exactitude de mon ton, la justesse de mon émotion, la persuasion et la chaleur, l'indignation maîtrisée de mes plaidoiries. La nature m'a bien servi quant au

21. *Allusion to the sleeves of the lawyer's gown set in motion by is eloquent gestures.*

physique, l'attitude noble me vient sans effort. De plus, j'étais soutenu par deux sentiments sincères : la satisfaction de me trouver du bon côté de la barre [22] et un mépris instinctif envers les juges en général. Ce mépris, après tout, n'était peut-être pas si instinctif. Je sais maintenant qu'il avait ses raisons. Mais, vu du dehors, il ressemblait plutôt à une passion. On ne peut pas nier que, pour le moment, du moins, il faille des juges, n'est-ce pas? Pourtant, je ne pouvais comprendre qu'un homme se désignât lui-même pour exercer cette surprenante fonction. Je l'admettais, puisque je le voyais, mais un peu comme j'admettais les sauterelles. Avec la différence que les invasions de ces orthoptères ne m'ont jamais rapporté un centime, tandis que je gagnais ma vie en dialoguant avec des gens que je méprisais.

Mais voilà, j'étais du bon côté, cela suffisait à la paix de ma conscience. Le sentiment du droit, la satisfaction d'avoir raison, la joie de s'estimer soi-même, cher monsieur, sont des ressorts puissants pour nous tenir debout ou nous faire avancer. Au contraire, si vous en privez les hommes, vous les transformez en chiens écumants. Combien de crimes commis simplement parce que leur auteur ne pouvait supporter d'être en faute! J'ai connu autrefois un industriel qui avait une femme parfaite, admirée de tous, et qu'il trompait pourtant. Cet homme enrageait littéralement de se trouver dans son tort, d'être dans l'impossibilité de recevoir, ni de se donner, un brevet de vertu. Plus sa femme montrait de perfections, plus il enrageait. A la fin, son tort lui devint insupportable. Que croyez-vous qu'il fît alors? Il cessa de la tromper? Non. Il la tua. C'est ainsi que j'entrai en relation avec lui.

Ma situation était plus enviable. Non seulement je ne

22. **la barre** : the court (bar).

risquais pas de rejoindre le camp des criminels (en particulier, je n'avais aucune chance de tuer ma femme, étant célibataire), mais encore je prenais leur défense, à la seule condition qu'ils fussent de bons meurtriers, comme d'autres sont de bons sauvages. La manière même dont je menais cette défense me donnait de grandes satisfactions. J'étais vraiment irréprochable dans ma vie professionnelle. Je n'ai jamais accepté de pot-de-vin [23], cela va sans dire, mais je ne me suis jamais abaissé non plus à aucune démarche. Chose plus rare, je n'ai jamais consenti à flatter aucun journaliste, pour me le rendre favorable, ni aucun fonctionnaire dont l'amitié pût être utile. J'eus même la chance de me voir offrir deux ou trois fois la Légion d'honneur [24] que je pus refuser avec une dignité discrète où je trouvais ma vraie récompense. Enfin, je n'ai jamais fait payer les pauvres et ne l'ai jamais crié sur les toits. Ne croyez pas, cher monsieur, que je me vante en tout ceci. Mon mérite était nul : l'avidité qui, dans notre société, tient lieu d'ambition, m'a toujours fait rire. Je visais plus haut; vous verrez que l'expression est exacte en ce qui me concerne.

Mais jugez déjà de ma satisfaction. Je jouissais de ma propre nature, et nous savons tous que c'est là le bonheur bien que, pour nous apaiser mutuellement, nous fassions mine parfois de condamner ces plaisirs sous le nom d'égoïsme. Je jouissais, du moins, de cette partie de ma nature qui réagissait si exactement à la veuve et à l'orphelin qu'elle finissait, à force de s'exercer, par régner sur toute ma vie. Par exemple, j'adorais aider les aveugles à traverser les rues. Du plus loin que j'apercevais une canne hésiter sur l'angle d'un trottoir, je me précipitais, devançais d'une secon-

23. **pot-de-vin** : bribe.
24. **Légion d'honneur** : *a decoration created by Napoleon as a reward for achievement.*

de, parfois, la main charitable qui se tendait déjà, enlevais l'aveugle à toute autre sollicitude que la mienne et le menais d'une main douce et ferme sur le passage clouté [25], parmi les obstacles de la circulation, vers le havre tranquille du trottoir où nous nous séparions avec une émotion mutuelle. De la même manière, j'ai toujours aimé renseigner les passants dans la rue, leur donner du feu [26], prêter la main aux charrettes trop lourdes, pousser l'automobile en panne, acheter le journal de la salutiste, ou les fleurs de la vieille marchande, dont je savais pourtant qu'elle les volait au cimetière de Montparnasse. J'aimais aussi, ah! cela est plus difficile à dire, j'aimais faire l'aumône. Un grand chrétien de mes amis reconnaissait que le premier sentiment qu'on éprouve à voir un mendiant approcher de sa maison est désagréable. Eh bien, moi, c'était pire : j'exultais. Passons là-dessus.

Parlons plutôt de ma courtoisie. Elle était célèbre et pourtant indiscutable. La politesse me donnait en effet de grandes joies. Si j'avais la chance, certains matins, de céder ma place, dans l'autobus ou le métro, à qui la méritait visiblement, de ramasser quelque objet qu'une vieille dame avait laissé tomber et de le lui rendre avec un sourire que je connaissais bien, ou simplement de céder mon taxi à une personne plus pressée que moi, ma journée en était éclairée. Je me réjouissais même, il faut bien le dire, de ces jours où, les transports publics étant en grève, j'avais l'occasion d'embarquer dans ma voiture, aux points d'arrêt des autobus, quelques-uns de mes malheureux concitoyens, empêchés de rentrer chez eux. Quitter enfin mon fauteuil, au théâtre, pour permettre à un couple d'être réuni, placer en voyage les valises d'une jeune fille dans le filet placé trop haut

---

25. **passage clouté** : pedestrian crossing. *In Paris they are studded with large nails.*
26. **donner du feu** : to offer a light *(for a cigarette)*.

pour elle, étaient autant d'exploits que j'accomplissais plus souvent que d'autres parce que j'étais plus attentif aux occasions de le faire et que j'en retirais des plaisirs mieux savourés.

Je passais aussi pour généreux et je l'étais. J'ai beaucoup donné, en public et dans le privé. Mais loin de souffrir quand il fallait me séparer d'un objet ou d'une somme d'argent, j'en tirais de constants plaisirs dont le moindre n'était pas une sorte de mélancolie qui, parfois, naissait en moi, à la considération de la stérilité de ces dons et de l'ingratitude probable qui les suivrait. J'avais même un tel plaisir à donner que je détestais d'y être obligé. L'exactitude dans les choses de l'argent m'assommait et je m'y prêtais avec mauvaise humeur. Il me fallait être maître de mes libéralités.

Ce sont là de petits traits, mais qui vous feront comprendre les continuelles délectations que je trouvais dans ma vie, et surtout dans mon métier. Être arrêté, par exemple, dans les couloirs du Palais [27], par la femme d'un accusé qu'on a défendu pour la seule justice ou pitié, je veux dire gratuitement, entendre cette femme murmurer que rien, non, rien ne pourra reconnaître ce qu'on a fait pour eux, répondre alors que c'était bien naturel, n'importe qui en aurait fait autant, offrir même une aide pour franchir les mauvais jours à venir, puis, afin de couper court aux effusions et leur garder ainsi une juste résonance, baiser la main d'une pauvre femme et briser là, croyez-moi, cher monsieur, c'est atteindre plus haut que l'ambitieux vulgaire et se hisser à ce point culminant où la vertu ne se nourrit plus que d'elle-même.

Arrêtons-nous sur ces cimes. Vous comprenez maintenant ce que je voulais dire en parlant de viser plus

27. **Palais : Palais de Justice,** the law court.

haut. Je parlais justement de ces points culminants, les seuls où je puisse vivre. Oui, je ne me suis jamais senti à l'aise que dans les situations élevées. Jusque dans le détail de la vie, j'avais besoin d'être au-dessus. Je préférais l'autobus au métro, les calèches [28] aux taxis, les terrasses aux entresols. Amateur des avions de sport où l'on porte la tête en plein ciel, je figurais aussi, sur les bateaux, l'éternel promeneur des dunettes [29]. En montagne, je fuyais les vallées encaissées pour les cols et les plateaux; j'étais l'homme des pénéplaines, au moins. Si le destin m'avait obligé de choisir un métier manuel, tourneur ou couvreur, soyez tranquille, j'eusse choisi les toits et fait amitié avec les vertiges. Les soutes, les cales, les souterrains, les grottes, les gouffres me faisaient horreur. J'avais même voué une haine spéciale aux spéléologues, qui avaient le front d'occuper la première page des journaux, et dont les performances m'écœuraient. S'efforcer de parvenir à la cote moins huit cents [30], au risque de se trouver la tête coincée dans un goulet rocheux (un siphon, comme disent ces inconscients!) me paraissait l'exploit de caractères pervertis ou traumatisés. Il y avait du crime là-dessous.

Un balcon naturel, à cinq ou six cents mètres au-dessus d'une mer encore visible et baignée de lumière, était au contraire l'endroit où je respirais le mieux, surtout si j'étais seul, bien au-dessus des fourmis humaines. Je m'expliquais sans peine que les sermons, les prédications décisives, les miracles de feu se fissent sur des hauteurs accessibles. Selon moi, on ne méditait pas dans les caves ou les cellules des prisons (à moins qu'elles fussent situées dans une tour,

28. **calèche** : carriage.
29. **dunette** : top deck.
30. **la cote moins huit cents** : an elevation of minus eight hundred meters.

avec une vue étendue); on y moisissait. Et je comprenais cet homme qui, étant entré dans les ordres, défroqua parce que sa cellule, au lieu d'ouvrir, comme il s'y attendait, sur un vaste paysage, donnait sur un mur. Soyez sûr qu'en ce qui me concerne, je ne moisissais pas. A toute heure du jour, en moi-même et parmi les autres, je grimpais sur la hauteur, j'y allumais des feux apparents, et une joyeuse salutation s'élevait vers moi. C'est ainsi, du moins, que je prenais plaisir à la vie et à ma propre excellence.

Ma profession satisfaisait heureusement cette vocation des sommets. Elle m'enlevait toute amertume à l'égard de mon prochain que j'obligeais toujours sans jamais rien lui devoir. Elle me plaçait au-dessus du juge que je jugeais à son tour, au-dessus de l'accusé que je forçais à la reconnaissance. Pesez bien cela, cher monsieur : je vivais impunément. Je n'étais concerné par aucun jugement, je ne me trouvais pas sur la scène du tribunal, mais quelque part, dans les cintres, comme ces dieux que, de temps en temps, on descend, au moyen d'une machine, pour transfigurer l'action et lui donner son sens. Après tout, vivre au-dessus reste encore la seule manière d'être vu et salué par le plus grand nombre.

Quelques-uns de mes bons criminels avaient d'ailleurs, en tuant, obéi au même sentiment. La lecture des journaux, dans la triste situation où ils se trouvaient, leur apportait sans doute une sorte de compensation malheureuse. Comme beaucoup d'hommes, ils n'en pouvaient plus de l'anonymat [31] et cette impatience avait pu, en partie, les mener à de fâcheuses extrémités. Pour être connu, il suffit en somme de tuer sa concierge. Malheureusement, il s'agit d'une réputation éphémère, tant il y a de concierges qui méritent

31. They couldn't stand being anonymous any longer.

et reçoivent le couteau. Le crime tient sans trêve le devant de la scène, mais le criminel n'y figure que fugitivement, pour être aussitôt remplacé. Ces brefs triomphes enfin se paient trop cher. Défendre nos malheureux aspirants à la réputation revenait, au contraire, à être vraiment reconnu, dans le même temps et aux mêmes places, mais par des moyens plus économiques. Cela m'encourageait aussi à déployer de méritoires efforts pour qu'ils payassent le moins possible : ce qu'ils payaient, ils le payaient un peu à ma place. L'indignation, le talent, l'émotion que je dépensais m'enlevaient, en revanche, toute dette à leur égard. Les juges punissaient, les accusés expiaient et moi, libre de tout devoir, soustrait au jugement comme à la sanction, je régnais, librement, dans une lumière édénique.

N'était-ce pas cela, en effet, l'Eden, cher monsieur : la vie en prise directe [32] ? Ce fut la mienne. Je n'ai jamais eu besoin d'apprendre à vivre. Sur ce point, je savais déjà tout en naissant. Il y a des gens dont le problème est de s'abriter des hommes, ou du moins de s'arranger d'eux. Pour moi, l'arrangement était fait. Familier quand il le fallait, silencieux si nécessaire, capable de désinvolture autant que de gravité, j'étais de plain-pied. Aussi ma popularité était-elle grande et je ne comptais plus mes succès dans le monde. Je n'étais pas mal fait de ma personne, je me montrais à la fois danseur infatigable et discret érudit, j'arrivais à aimer en même temps, ce qui n'est guère facile, les femmes et la justice, je pratiquais les sports et les beaux-arts, bref, je m'arrête, pour que vous ne me soupçonniez pas de complaisance. Mais imaginez, je vous prie, un homme dans la force de l'âge, de parfaite santé, généreusement doué, habile dans les exercices

32. **en prise directe** : in direct drive, with no interference.

du corps comme dans ceux de l'intelligence, ni pauvre ni riche, dormant bien, et profondément content de lui-même sans le montrer autrement que par une sociabilité heureuse. Vous admettrez alors que je puisse parler, en toute modestie, d'une vie réussie.

Oui, peu d'êtres ont été plus naturels que moi. Mon accord avec la vie était total, j'adhérais à ce qu'elle était, du haut en bas, sans rien refuser de ses ironies, de sa grandeur, ni de ses servitudes. En particulier, la chair, la matière, le physique en un mot, qui déconcerte ou décourage tant d'hommes dans l'amour ou dans la solitude, m'apportait, sans m'asservir, des joies égales. J'étais fait pour avoir un corps. De là cette harmonie en moi, cette maîtrise détendue que les gens sentaient et dont ils m'avouaient parfois qu'elle les aidait à vivre. On recherchait donc ma compagnie. Souvent, par exemple, on croyait m'avoir déjà rencontré. La vie, ses êtres et ses dons venaient au-devant de moi; j'acceptais ces hommages avec une bienveillante fierté. En vérité, à force d'être un homme, avec tant de plénitude et de simplicité, je me trouvais un peu surhomme.

J'étais d'une naissance honnête, mais obscure (mon père était officier) et pourtant, certains matins, je l'avoue humblement, je me sentais fils de roi, ou buisson ardent. Il s'agissait, notez-le bien, d'autre choses que la certitude où je vivais d'être plus intelligent que tout le monde. Cette certitude d'ailleurs est sans conséquence du fait que tant d'imbéciles la partagent. Non, à force d'être comblé, je me sentais, j'hésite à l'avouer, désigné. Désigné personnellement, entre tous, pour cette longue et constante réussite. C'était là, en somme, un effet de ma modestie. Je refusais d'attribuer cette réussite à mes seuls mérites, et je ne pouvais croire que la réunion, en une personne unique, de qualités si différentes et si extrêmes, fût le résultat du seul hasard. C'est pourquoi, vivant heureux, je me sentais, d'une certaine manière, autorisé à ce bonheur par quelque décret supérieur. Quand je vous aurai dit que je n'avais nulle religion, vous apercevrez encore mieux ce qu'il y avait d'extraordinaire dans cette conviction. Ordinaire ou non, elle m'a soulevé longtemps au-dessus du train quotidien et j'ai plané, littéralement, pendant des années dont, à vrai dire, j'ai encore le regret au cœur. J'ai plané jusqu'au soir où... Mais non, ceci est une autre affaire et il faut l'oublier. D'ailleurs, j'exagère peut-être. J'étais à l'aise en tout, il est vrai, mais en même temps satisfait de rien. Chaque joie m'en faisait désirer une autre. J'allais de fête en fête. Il m'arrivait de danser pendant des nuits, de plus en plus fou des êtres et de la vie. Parfois, tard dans ces nuits où la danse, l'alcool léger, mon déchaînement, le violent abandon de chacun, me jetaient dans un ravissement à la fois las et comblé, il me semblait, à l'extrémité de la fatigue, et l'espace d'une seconde, que je comprenais enfin le secret des êtres et du monde. Mais la fatigue disparaissait le lendemain et, avec elle, le secret; je m'élançais de nouveau. Je courais ainsi, toujours comblé, jamais rassasié, sans savoir où m'arrêter, jusqu'au jour, jusqu'au soir plutôt où la musique s'est arrêtée, les lumières se sont éteintes. La fête où j'avais été heureux... Mais permettez-moi de faire appel à notre ami le primate. Hochez la tête pour le remercier et, surtout, buvez avec moi, j'ai besoin de votre sympathie.

Je vois que cette déclaration vous étonne. N'avez-vous jamais eu subitement besoin de sympathie, de secours, d'amitié? Oui, bien sûr. Moi, j'ai appris à me contenter de la sympathie. On la trouve plus facilement, et puis elle n'engage à rien. « Croyez à ma sympathie », dans le discours intérieur, précède immé-

diatement « et maintenant, occupons-nous d'autre chose ». C'est un sentiment de président du conseil : on
l'obtient à bon marché, après les catastrophes. L'amitié, c'est moins simple. Elle est longue et dure à
obtenir, mais quand on l'a, plus moyen de s'en débar-
rasser, il faut faire face. Ne croyez pas surtout que vos
amis vous téléphoneront tous les soirs, comme ils le
devraient, pour savoir si ce n'est pas justement le soir
où vous décidez de vous suicider, ou plus simplement
si vous n'avez pas besoin de compagnie, si vous n'êtes
pas en disposition de sortir. Mais non, s'ils téléphonent, soyez tranquille, ce sera le soir où vous n'êtes pas
seul, et où la vie est belle. Le suicide, ils vous y
pousseraient plutôt, en vertu de ce que vous vous
devez à vous-même, selon eux. Le ciel nous préserve,
cher monsieur, d'être placés trop haut par nos amis!
Quant à ceux dont c'est la fonction de nous aimer, je
veux dire les parents, les alliés (quelle expression!)
c'est une autre chanson. Ils ont le mot qu'il faut, eux,
mais c'est plutôt le mot qui fait balle [33]; ils téléphonent
comme on tire à la carabine. Et ils visent juste. Ah! les
Bazaine [34]!

Comment? Quel soir? J'y viendrai, soyez patient
avec moi. D'une certaine manière, d'ailleurs, je suis
dans mon sujet, avec cette histoire d'amis et d'alliés.
Voyez-vous, on m'a parlé d'un homme dont l'ami avait
été emprisonné et qui couchait tous les soirs sur le sol
de sa chambre pour ne pas jouir d'un confort qu'on
avait retiré à celui qu'il aimait. Qui, cher monsieur, qui
couchera sur le sol pour nous? Si j'en suis capable
moi-même? Écoutez, je voudrais l'être, je le serai. Oui,
nous en serons tous capables un jour, et ce sera le

33. **faire balle :** to hit the bull's eye.
34. *Bazaine was a general who, in the Franco-Prussian War,
capitulated to the Germans and was convicted of treason.* **« Ah! les
Bazaine » :** Ah, the traitors!

salut. Mais ce n'est pas facile, car l'amitié est distraite, ou du moins impuissante. Ce qu'elle veut, elle ne le peut pas. Peut-être, après tout, ne le veut-elle pas assez? Peut-être n'aimons-nous pas assez la vie? Avez-vous remarqué que la mort seule réveille nos sentiments? Comme nous aimons les amis qui viennent de nous quitter, n'est-ce pas? Comme nous admirons ceux de nos maîtres qui ne parlent plus, la bouche pleine de terre! L'hommage vient alors tout naturellement, cet hommage que, peut-être, ils avaient attendu de nous toute leur vie. Mais savez-vous pourquoi nous sommes toujours plus justes et plus généreux avec les morts? La raison est simple! Avec eux, il n'y a pas d'obligation. Ils nous laissent libres, nous pouvons prendre notre temps, caser l'hommage entre le cocktail et une gentille maîtresse, à temps perdu, en somme. S'ils nous obligeaient à quelque chose, ce serait à la mémoire, et nous avons la mémoire courte. Non, c'est le mort frais que nous aimons chez nos amis, le mort douloureux, notre émotion, nous-mêmes enfin!

J'avais ainsi un ami que j'évitais le plus souvent. Il m'ennuyait un peu, et puis il avait de la morale. Mais à l'agonie, il m'a retrouvé, soyez tranquille. Je n'ai pas raté une journée. Il est mort, content de moi, en me serrant les mains. Une femme qui me relançait trop souvent, et en vain, eut le bon goût de mourir jeune. Quelle place aussitôt dans mon cœur! Et quand, de surcroît, il s'agit d'un suicide! Seigneur, quel délicieux branle-bas! Le téléphone fonctionne, le cœur déborde, et les phrases volontairement brèves, mais lourdes de sous-entendus, la peine maîtrisée, et même, oui, un peu d'auto-accusation!

L'homme est ainsi, cher monsieur, il a deux faces : il ne peut pas aimer sans s'aimer. Observez vos voisins, si, par chance, il survient un décès dans l'immeuble. Ils dormaient dans leur petite vie et voilà, par exemple, que le concierge meurt. Aussitôt, ils s'éveillent, frétillent, s'informent, s'apitoient. Un mort sous presse, et le spectacle commence enfin. Ils ont besoin de la tragédie, que voulez-vous, c'est leur petite transcendance, c'est leur apéritif. D'ailleurs, est-ce un hasard si je vous parle de concierge? J'en avais un, vraiment disgracié, la méchanceté même, un monstre d'insignifiance et de rancune, qui aurait découragé un franciscain. Je ne lui parlais même plus, mais, par sa seule existence, il compromettait mon contentement habituel. Il est mort, et je suis allé à son enterrement. Voulez-vous me dire pourquoi?

Les deux jours qui précédèrent la cérémonie furent d'ailleurs pleins d'intérêt. La femme du concierge était malade, couchée dans la pièce unique, et, près d'elle, on avait étendu la caisse sur des chevalets. Il fallait prendre son courrier soi-même. On ouvrait, on disait : « Bonjour, madame », on écoutait l'éloge du disparu que la concierge désignait de la main, et on emportait son courrier. Rien de réjouissant là-dedans, n'est-ce pas? Toute la maison, pourtant, a défilé dans la loge qui puait le phénol. Et les locataires n'envoyaient pas leurs domestiques, non, ils venaient profiter eux-mêmes de l'aubaine. Les domestiques aussi, d'ailleurs, mais en catimini. Le jour de l'enterrement, la caisse était trop grande pour la porte de la loge. « O mon chéri, disait dans son lit la concierge, avec une surprise à la fois ravie et navrée, comme il était grand! » « Pas d'inquiétude, madame, répondait l'ordonnateur, on le passera de champ [35], et debout. » On l'a passé debout, puis on l'a couché, et j'ai été le seul (avec un ancien chasseur de cabaret, dont j'ai compris qu'il buvait son Pernod [36] tous les soirs avec le défunt) à aller jusqu'au

35. **de champ** : edgewise.
36. **Pernod** : *a strong alcoholic drink* ; **chasseur** : the doorman.

cimetière et à jeter des fleurs sur un cercueil dont le luxe m'étonna. Ensuite, j'ai fait une visite à la concierge, pour recevoir ses remerciements de tragédienne. Quelle raison à tout cela, dites-moi? Aucune, sinon l'apéritif.

J'ai enterré aussi un vieux collaborateur de l'Ordre des avocats. Un commis, assez dédaigné, à qui je serrais toujours la main. Là où je travaillais, je serrais toutes les mains d'ailleurs, et plutôt deux fois qu'une. Cette cordiale simplicité me valait, à peu de frais, la sympathie de tous, nécessaire à mon épanouissement. Pour l'enterrement de notre commis, le bâtonnier ne s'était pas dérangé. Moi, oui, et à la veille d'un voyage, ce qui fut souligné. Justement, je savais que ma présence serait remarquée, et favorablement commentée. Alors, vous comprenez, même la neige qui tombait ce jour-là ne m'a pas fait reculer.

Comment? J'y viens, ne craignez rien, j'y suis encore, du reste. Mais laissez-moi auparavant vous faire remarquer que ma concierge, qui s'était ruinée en crucifix, en beau chêne, et en poignées d'argent, pour mieux jouir de son émotion, s'est collée, un mois plus tard, avec un faraud [37] à belle voix. Il la cognait, on entendait des cris affreux, et tout de suite après, il ouvrait la fenêtre et poussait sa romance préférée : « Femmes, que vous êtes jolies! » « Tout de même! » disaient les voisins. Tout de même quoi, je vous le demande? Bon, ce baryton avait les apparences contre lui, et la concierge aussi. Mais rien ne prouve qu'ils ne s'aimaient pas. Rien ne prouve, non plus, qu'elle n'aimait pas son mari. Du reste, quand le faraud s'envola, la voix et le bras fatigués, elle reprit l'éloge du disparu, cette fidèle! Après tout, j'en sais d'autres qui ont les apparences pour eux, et qui n'en sont pas

37. **un faraud** : *a braggart.*

plus constants ni sincères. J'ai connu un homme qui a donné vingt ans de sa vie à une étourdie, qui lui a tout sacrifié, ses amitiés, son travail, la décence même de sa vie, et qui reconnut un soir qu'il ne l'avait jamais aimée. Il s'ennuyait, voilà tout, il s'ennuyait, comme la plupart des gens. Il s'était donc créé de toutes pièces une vie de complications et de drames. Il faut que quelque chose arrive, voilà l'explication de la plupart des engagements humains. Il faut que quelque chose arrive, même la servitude sans amour, même la guerre, ou la mort. Vivent donc les enterrements!

Moi, du moins, je n'avais pas cette excuse. Je ne m'ennuyais pas puisque je régnais. Le soir dont je vous parle, je peux même dire que je m'ennuyais moins que jamais. Non, vraiment, je ne désirais pas que quelque chose arrivât. Et pourtant... Voyez-vous, cher monsieur, c'était un beau soir d'automne, encore tiède sur la ville, déjà humide sur la Seine. La nuit venait, le ciel était encore clair à l'ouest, mais s'assombrissait, les lampadaires brillaient faiblement. Je remontais les quais de la rive gauche vers le pont des Arts. On voyait luire le fleuve, entre les boîtes fermées des bouquinistes. Il y avait peu de monde sur les quais : Paris mangeait déjà. Je foulais les feuilles jaunes et poussiéreuses qui rappelaient encore l'été. Le ciel se remplissait peu à peu d'étoiles qu'on apercevait fugitivement en s'éloignant d'un lampadaire vers un autre. Je goûtais le silence revenu, la douceur du soir, Paris vide. J'étais content. La journée avait été bonne : un aveugle, la réduction de peine que j'espérais, la chaude poignée de main de mon client, quelques générosités et, dans l'après-midi, une brillante improvisation, devant quelques amis, sur la dureté de cœur de notre classe dirigeante et l'hypocrisie de nos élites.

J'étais monté sur le pont des Arts, désert à cette heure, pour regarder le fleuve qu'on devinait à peine dans la nuit maintenant venue. Face au Vert-Galant [38], je dominais l'île. Je sentais monter en moi un vaste sentiment de puissance et, comment dirais-je, d'achèvement, qui dilatait mon cœur. Je me redressai et j'allais allumer une cigarette, la cigarette de la satisfaction, quand, au même moment, un rire éclata derrière moi. Surpris, je fis une brusque volte-face : il n'y avait personne. J'allai jusqu'au garde-fou [39] : aucune péniche, aucune barque. Je me retournai vers l'île et, de nouveau, j'entendis le rire dans mon dos, un peu plus lointain, comme s'il descendait le fleuve. Je restais là, immobile. Le rire décroissait, mais je l'entendais encore distinctement derrière moi, venu de nulle part, sinon des eaux. En même temps, je percevais les battements précipités de mon cœur. Entendez-moi bien, ce rire n'avait rien de mystérieux; c'était un bon rire, naturel, presque amical, qui remettait les choses en place. Bientôt d'ailleurs, je n'entendis plus rien. Je regagnai les quais, pris la rue Dauphine, achetai des cigarettes dont je n'avais nul besoin. J'étais étourdi, je respirais mal. Ce soir-là, j'appelai un ami qui n'était pas chez lui. J'hésitais à sortir, quand, soudain, j'entendis rire sous mes fenêtres. J'ouvris. Sur le trottoir, en effet, des jeunes gens se séparaient joyeusement. Je refermai les fenêtres, en haussant les épaules; après tout, j'avais un dossier à étudier [40]. Je me rendis dans la salle de bains pour boire un verre d'eau. Mon image souriait dans la glace, mais il me sembla que mon sourire était double...

Comment? Pardonnez-moi, je pensais à autre chose.

---

38. *A small, lovely garden at the tip of the Ile de la Cité, the island on the Seine river that was the medieval center of Paris. In the garden stands a statue of King Henri IV, who was nicknamed le Vert-Galant.*
39. **garde-fou** : the parapet.
40. a brief to study.

Je vous reverrai demain, sans doute. Demain, oui, c'est cela. Non, non, je ne puis rester. D'ailleurs, je suis appelé en consultation par l'ours brun que vous voyez là-bas. Un honnête homme, à coup sûr, que la police brime vilainement, et par pure perversité. Vous estimez qu'il a une tête de tueur? Soyez sûr que c'est la tête de l'emploi. Il cambriole, aussi bien, et vous serez surpris d'apprendre que cet homme des cavernes est spécialisé dans le trafic des tableaux. En Hollande, tout le monde est spécialiste en peintures et en tulipes. Celui-ci, avec ses airs modestes, est l'auteur du plus célèbre des vols de tableaux. Lequel? Je vous le dirai peut-être. Ne vous étonnez pas de ma science. Bien que je sois juge-pénitent, j'ai ici un violon d'Ingres [41] : je suis le conseiller juridique de ces braves gens. J'ai étudié les lois du pays et je me suis fait une clientèle dans ce quartier où l'on n'exige pas vos diplômes. Ce n'était pas facile, mais j'inspire confiance, n'est-ce pas? J'ai un beau rire franc, ma poignée de main est énergique, ce sont là des atouts. Et puis j'ai réglé quelques cas difficiles, par intérêt d'abord, par conviction ensuite. Si les souteneurs et les voleurs étaient toujours et partout condamnés, les honnêtes gens se croiraient tous et sans cesse innocents, cher monsieur. Et selon moi – voilà, voilà, je viens! – c'est surtout cela qu'il faut éviter. Il y aurait de quoi rire, autrement.

41. **violon d'Ingres** : hobby. *Ingres, 19 th century French painter, played the violin as a hobby, or side-line.*

Vraiment, mon cher compatriote, je vous suis reconnaissant de votre curiosité. Pourtant, mon histoire n'a rien d'extraordinaire. Sachez, puisque vous y tenez, que j'ai pensé un peu à ce rire, pendant quelques jours, puis je l'ai oublié. De loin en loin, il me semblait l'entendre, quelque part en moi. Mais, la plupart du temps, je pensais, sans effort, à autre chose.

Je dois reconnaître cependant que je ne mis plus les pieds sur les quais de Paris. Lorsque j'y passais, en voiture ou en autobus, il se faisait une sorte de silence en moi. J'attendais, je crois. Mais je franchissais la Seine, rien ne se produisait, je respirais. J'eus aussi, à ce moment, quelques misères de santé. Rien de précis, de l'abattement si vous voulez, une sorte de difficulté à retrouver ma bonne humeur. Je vis des médecins qui me donnèrent des remontants. Je remontais, et puis redescendais. La vie me devenait moins facile : quand le corps est triste, le cœur languit. Il me semblait que je désapprenais en partie ce que je n'avais jamais appris et que je savais pourtant si bien, je veux dire vivre. Oui, je crois bien que c'est alors que tout commença.

Mais ce soir, non plus, je ne me sens pas en forme.

J'ai même du mal à tourner mes phrases. Je parle moins bien, il me semble, et mon discours est moins sûr. Le temps, sans doute. On respire mal, l'air est si lourd qu'il pèse sur la poitrine. Verriez-vous un inconvénient, mon cher compatriote, à ce que nous sortions pour marcher un peu dans la ville? Merci.

Comme les canaux sont beaux, le soir! J'aime le souffle des eaux moisies, l'odeur des feuilles mortes qui macèrent dans le canal et celle, funèbre, qui monte des péniches pleines de fleurs. Non, non, ce goût n'a rien de morbide, croyez-moi. Au contraire, c'est, chez moi, un parti pris. La vérité est que je me force à admirer ces canaux. Ce que j'aime le plus au monde, c'est la Sicile, vous voyez bien, et encore du haut de l'Etna, dans la lumière, à condition de dominer l'île et la mer. Java, aussi, mais à l'époque des alizés. Oui, j'y suis allé dans ma jeunesse. D'une manière générale, j'aime toutes les îles. Il est plus facile d'y régner.

Délicieuse maison, n'est-ce pas? Les deux têtes que vous voyez là sont celles d'esclaves nègres. Une enseigne. La maison appartenait à un vendeur d'esclaves [42]. Ah! on ne cachait pas son jeu, en ce temps-là! On avait du coffre, on disait : « Voilà, j'ai pignon sur rue, je trafique des esclaves, je vends de la chair noire. » Vous imaginez quelqu'un, aujourd'hui, faisant connaître publiquement que tel est son métier? Quel scandale! J'entends d'ici mes confrères parisiens. C'est qu'ils sont irréductibles sur la question, ils n'hésiteraient pas à lancer deux ou trois manifestes, peut-être plus! Réflexion faite, j'ajouterais ma signature à la leur. L'esclavage, ah! mais non, nous sommes contre! Qu'on soit contraint de l'installer chez soi, ou

42. *In the 17th century the Dutch West Indies Company traded in slaves in order to develop its foothold in South America, hence the sign.*

dans les usines, bon, c'est dans l'ordre des choses, mais s'en vanter, c'est le comble.

Je sais bien qu'on ne peut se passer de dominer ou d'être servi. Chaque homme a besoin d'esclaves comme d'air pur. Commander, c'est respirer, vous êtes bien de cet avis? Et même les plus déshérités arrivent à respirer. Le dernier dans l'échelle sociale a encore son conjoint, ou son enfant. S'il est célibataire, un chien. L'essentiel, en somme, est de pouvoir se fâcher sans que l'autre ait le droit de répondre. « On ne répond pas à son père », vous connaissez la formule? Dans un sens, elle est singulière. A qui répondrait-on en ce monde sinon à ce qu'on aime? Dans un autre sens, elle est convaincante. Il faut bien que quelqu'un ait le dernier mot. Sinon, à toute raison peut s'opposer une autre : on n'en finirait plus. La puissance, au contraire, tranche tout. Nous y avons mis le temps, mais nous avons compris cela. Par exemple, vous avez dû le remarquer, notre vieille Europe philosophe enfin de la bonne façon. Nous ne disons plus, comme aux temps naïfs : « Je pense ainsi. Quelles sont vos objections? » Nous sommes devenus lucides. Nous avons remplacé le dialogue par le communiqué. « Telle est la vérité, disons-nous. Vous pouvez toujours la discuter, ça ne nous intéresse pas. Mais dans quelques années, il y aura la police, qui vous montrera que j'ai raison. »

Ah! chère planète! Tout y est clair maintenant. Nous nous connaissons, nous savons ce dont nous sommes capables. Tenez, moi, pour changer d'exemple, sinon de sujet, j'ai toujours voulu être servi avec le sourire. Si la bonne avait l'air triste, elle empoisonnait mes journées. Elle avait bien le droit de ne pas être gaie, sans doute. Mais je me disais qu'il valait mieux pour elle qu'elle fît son service en riant plutôt qu'en pleurant. En fait, cela valait mieux pour moi. Pourtant, sans être glorieux, mon raisonnement n'était pas tout à fait idiot. De la même manière, je refusais toujours de manger dans les restaurants chinois. Pourquoi? Parce que les Asiatiques lorsqu'ils se taisent, et devant les Blancs, ont souvent l'air méprisant. Naturellement, ils le gardent, cet air, en servant! Comment jouir alors du poulet laqué, comment surtout, en les regardant, penser qu'on a raison?

Tout à fait entre nous, la servitude, souriante de préférence, est donc inévitable. Mais nous ne devons pas le reconnaître. Celui qui ne peut s'empêcher d'avoir des esclaves, ne vaut-il pas mieux qu'il les appelle hommes libres? Pour le principe d'abord, et puis pour ne pas les désespérer. On leur doit bien cette compensation, n'est-ce pas? De cette manière, ils continueront de sourire et nous garderons notre bonne conscience. Sans quoi, nous serions forcés de revenir sur nous-mêmes, nous deviendrions fous de douleur, ou même modestes, tout est à craindre. Aussi, pas d'enseignes, et celle-ci est scandaleuse. D'ailleurs, si tout le monde se mettait à table, hein, affichait son vrai métier, son identité, on ne saurait plus où donner de la tête! Imaginez des cartes de visite: Dupont, philosophe froussard, ou propriétaire chrétien, ou humaniste adultère, on a le choix, vraiment. Mais ce serait l'enfer! Oui, l'enfer doit être ainsi: des rues à enseignes et pas moyen de s'expliquer. On est classé une fois pour toutes.

Vous, par exemple, mon cher compatriote, pensez un peu à ce que serait votre enseigne. Vous vous taisez? Allons, vous me répondrez plus tard. Je connais la mienne en tout cas: une face double, un charmant Janus [43], et, au-dessus, la devise de la maison: « Ne

43. **Janus**: *a Roman god, guardian deity of gates and doors. He was represented with two faces, so that he could look in two directions at once: a « two-faced » god in Clamence's terms.*

vous y fiez pas. » Sur mes cartes : « Jean-Baptiste Clamence, comédien. » Tenez, peu de temps après le soir dont je vous ai parlé, j'ai découvert quelque chose. Quand je quittais un aveugle sur le trottoir où je l'avais aidé à atterrir, je le saluais. Ce coup de chapeau ne lui était évidemment pas destiné, il ne pouvait pas le voir. A qui donc s'adressait-il ? Au public. Après le rôle, les saluts. Pas mal, hein ? Un autre jour, à la même époque, à un automobiliste qui me remerciait de l'avoir aidé, je répondis que personne n'en aurait fait autant. Je voulais dire, bien sûr, n'importe qui. Mais ce malheureux lapsus me resta sur le cœur. Pour la modestie, vraiment, j'étais imbattable.

Il faut le reconnaître humblement, mon cher compatriote, j'ai toujours crevé de vanité. Moi, moi, moi, voilà le refrain de ma chère vie, et qui s'entendait dans tout ce que je disais. Je n'ai jamais pu parler qu'en me vantant, surtout si je le faisais avec cette fracassante discrétion dont j'avais le secret. Il est bien vrai que j'ai toujours vécu libre et puissant. Simplement, je me sentais libéré à l'égard de tous pour l'excellente raison que je ne me reconnaissais pas d'égal. Je me suis toujours estimé plus intelligent que tout le monde, je vous l'ai dit, mais aussi plus sensible et plus adroit, tireur d'élite, conducteur incomparable, meilleur amant. Même dans les domaines où il m'était facile de vérifier mon infériorité, comme le tennis par exemple, où je n'étais qu'un honnête partenaire, il m'était difficile de ne pas croire que, si j'avais le temps de m'entraîner, je surclasserais les premières séries. Je ne me reconnaissais que des supériorités, ce qui expliquait ma bienveillance et ma sérénité. Quand je m'occupais d'autrui, c'était pure condescendance, en toute liberté, et le mérite entier m'en revenait : je montais d'un degré dans l'amour que je me portais.

Avec quelques autres vérités, j'ai découvert ces évidences peu à peu, dans la période qui suivit le soir dont je vous ai parlé. Pas tout de suite, non, ni très distinctement. Il a fallu d'abord que je retrouve la mémoire. Par degrés, j'ai vu plus clair, j'ai appris un peu de ce que je savais. Jusque-là, j'avais toujours été aidé par un étonnant pouvoir d'oubli. J'oubliais tout, et d'abord mes résolutions. Au fond, rien ne comptait. Guerre, suicide, amour, misère, j'y prêtais attention, bien sûr, quand les circonstances m'y forçaient, mais d'une manière courtoise et super- ficielle. Parfois, je faisais mine de me passionner pour une cause étrangère à ma vie la plus quoti- dienne. Dans le fond pourtant, je n'y participais pas, sauf, bien sûr, quand ma liberté était contrariée. Comment vous dire? Ça glissait. Oui, tout glissait sur moi.

Soyons justes: il arrivait que mes oublis fussent méritoires. Vous avez remarqué qu'il y a des gens dont la religion consiste à pardonner toutes les offen- ses et qui les pardonnent en effet, mais ne les oublient jamais. Je n'étais pas d'assez bonne étoffe pour pardonner aux offenses, mais je finissais tou- jours par les oublier. Et tel qui se croyait détesté de moi n'en revenait pas de se voir salué avec un grand sourire. Selon sa nature, il admirait alors ma gran- deur d'âme ou méprisait ma pleutrerie sans penser que ma raison était plus simple: j'avais oublié jusqu'à son nom. La même infirmité qui me rendait indifférent ou ingrat me faisait alors magna- nime.

Je vivais donc sans autre continuité que celle, au jour le jour, du moi-moi-moi. Au jour le jour les femmes, au jour le jour la vertu ou le vice, au jour le jour, comme les chiens, mais tous les jours, moi- même, solide au poste. J'avançais ainsi à la surface de la vie, dans les mots en quelque sorte, jamais dans la réalité. Tous ces livres à peine lus, ces amis à peine aimés, ces villes à peines visitées, ces femmes à peine prises! Je faisais des gestes par ennui, ou par distraction. Les êtres suivaient, ils voulaient s'accrocher, mais il n'y avait rien, et c'était le malheur. Pour eux. Car, pour moi, j'oubliais. Je ne me suis jamais souvenu que de moi-même.

Peu à peu, la mémoire m'est cependant revenue. Ou plutôt je suis revenu à elle, et j'y ai trouvé le souvenir qui m'attendait. Avant de vous en parler, permettez-moi, mon cher compatriote, de vous donner quelques exemples (qui vous serviront, j'en suis sûr) de ce que j'ai découvert au cours de mon exploration.

Un jour où, conduisant ma voiture, je tardais une seconde à démarrer au feu vert, pendant que nos patients concitoyens déchaînaient sans délai leurs avertisseurs dans mon dos, je me suis souvenu soudain d'une autre aventure, survenue dans les mêmes circonstances. Une motocyclette conduite par un petit homme sec, portant lorgnon et pantalon de golf, m'avait doublé et s'était installée devant moi, au feu rouge. En stoppant, le petit homme avait calé son moteur et s'évertuait en vain à lui redonner souffle. Au feu vert, je lui demandai, avec mon habituelle politesse, de ranger sa motocyclette pour que je puisse passer. Le petit homme s'énervait encore sur son moteur poussif. Il me répondit donc, selon les règles de la courtoisie parisienne, d'aller me rhabiller [44]. J'insistai, toujours poli, mais avec une légère nuance d'impatience dans la voix. On me fit savoir aussitôt que, de toute manière, on m'emmenait à

---

[44]. **me rhabiller**: *Paris slang*: to go climb a tree (*O'Brien*). Literally, to go get a new outfit. *See below*, **on m'emmenait**: to take someone for a ride.

pied et à cheval. Pendant ce temps, quelques avertisseurs commençaient, derrière moi, de se faire entendre. Avec plus de fermeté, je priai mon interlocuteur d'être poli et de considérer qu'il entravait la circulation. L'irascible personnage, exaspéré sans doute par la mauvaise volonté, devenue évidente, de son moteur, m'informa que si je désirais ce qu'il appelait une dérouillée [45], il me l'offrirait de grand cœur. Tant de cynisme me remplit d'une bonne fureur et je sortis de ma voiture dans l'intention de frotter les oreilles de ce mal embouché. Je ne pense pas être lâche (mais que ne pense-t-on pas!), je dépassais d'une tête mon adversaire, mes muscles m'ont toujours servi. Je crois encore maintenant que la dérouillée aurait été reçue plutôt qu'offerte. Mais j'étais à peine sur la chaussée que, de la foule qui commençait à s'assembler, un homme sortit, se précipita sur moi, vint m'assurer que j'étais le dernier des derniers et qu'il ne me permettrait pas de frapper un homme qui avait une motocyclette entre les jambes et s'en trouvait, par conséquent, désavantagé. Je fis face à ce mousquetaire et, en vérité, ne le vis même pas. A peine, en effet, avais-je la tête tournée que, presque en même temps, j'entendis la motocyclette pétarader de nouveau et je reçus un coup violent sur l'oreille. Avant que j'aie eu le temps d'enregistrer ce qui s'était passé, la motocyclette s'éloigna. Étourdi, je marchai machinalement vers d'Artagnan [46] quand, au même moment, un concert exaspéré d'avertisseurs s'éleva de la file, devenue considérable, des véhicules. Le feu vert revenait. Alors, encore un peu égaré, au lieu de secouer l'im-

45. **dérouillée** : a thorough beating, « a thorough dusting off » (*O'Brien*) Cf : **raclée**.
46. **d'Artagnan** : *one of the dashing musketeers in Dumas's cloak and dagger novel*, **The Three Musketeers** *Ironic*.

bécile qui m'avait interpellé, je retournai docilement vers ma voiture et je démarrai, pendant qu'à mon passage l'imbécile me saluait d'un « pauvre type » dont je me souviens encore.

Histoire sans importance, direz-vous? Sans doute. Simplement, je mis longtemps à l'oublier, voilà l'important. J'avais pourtant des excuses. Je m'étais laissé battre sans répondre, mais on ne pouvait pas m'accuser de lâcheté. Surpris, interpellé des deux côtés, j'avais tout brouillé et les avertisseurs avaient achevé ma confusion. Pourtant, j'en étais malheureux comme si j'avais manqué à l'honneur. Je me revoyais, montant dans ma voiture, sans une réaction, sous les regards ironiques d'une foule d'autant plus ravie que je portais, je m'en souviens, un costume bleu très élégant. J'entendais le « pauvre type! » qui, tout de même, me paraissait justifié. Je m'étais en somme dégonflé publiquement. Par suite d'un concours de circonstances, il est vrai, mais il y a toujours des circonstances. Après coup, j'apercevais clairement ce que j'eusse dû faire. Je me voyais descendre d'Artagnan d'un bon crochet, remonter dans ma voiture, poursuivre le sagouin [47] qui m'avait frappé, le rattraper, coincer sa machine contre un trottoir, le tirer à l'écart et lui distribuer la raclée qu'il avait largement méritée. Avec quelques variantes, je tournai cent fois ce petit film dans mon imagination. Mais il était trop tard, et je dévorai pendant quelques jours un vilain ressentiment.

Tiens, la pluie tombe de nouveau. Arrêtons-nous, voulez-vous, sous ce porche. Bon. Où en étais-je? Ah! oui, l'honneur! Eh bien, quand je retrouvai le souvenir de cette aventure, je compris ce qu'elle signifiait. En somme, mon rêve n'avait pas résisté à l'épreuve

47. **sagouin** : stinker. Literally, a marmoset.

des faits. J'avais rêvé, cela était clair maintenant, d'être un homme complet, qui se serait fait respecter dans sa personne comme dans son métier. Moitié Cerdan [48], moitié de Gaulle [49], si vous voulez. Bref, je voulais dominer en toutes choses. C'est pourquoi je prenais des airs, je mettais mes coquetteries à montrer mon habileté physique plutôt que mes dons intellectuels. Mais, après avoir été frappé en public sans réagir, il ne m'était plus possible de caresser cette belle image de moi-même. Si j'avais été l'ami de la vérité et de l'intelligence que je prétendais être, que m'eût fait cette aventure déjà oubliée de ceux qui en avaient été les spectateurs? A peine me serais-je accusé de m'être fâché pour rien, et aussi, étant fâché, de n'avoir pas su faire face aux conséquences de ma colère, faute de présence d'esprit. Au lieu de cela, je brûlais de prendre ma revanche, de frapper et de vaincre. Comme si mon véritable désir n'était pas d'être la créature la plus intelligente ou la plus généreuse de la terre, mais seulement de battre qui je voudrais, d'être le plus fort enfin, et de la façon la plus élémentaire. La vérité est que tout homme intelligent, vous le savez bien, rêve d'être un gangster et de régner sur la société par la seule violence. Comme ce n'est pas aussi facile que peut le faire croire la lecture des romans spécialisés, on s'en remet généralement à la politique et l'on court au parti le plus cruel. Qu'importe, n'est-ce pas, d'humilier son esprit si l'on arrive par là à dominer tout le monde? Je découvrais en moi de doux rêves d'oppression.

J'apprenais du moins que je n'étais du côté des

48. **Cerdan (Marcel)**: *a famous French boxing champion.*
49. **De Gaulle (Charles)**: *French general who commanded the Free French forces which fought the Nazis in Wold War II. He became President of France under the Fifth Republic.*

coupables, des accusés, que dans la mesure exacte où leur faute ne me causait aucun dommage. Leur culpabilité me rendait éloquent parce que je n'en étais pas la victime. Quand j'étais menacé, je ne devenais pas seulement un juge à mon tour, mais plus encore : un maître irascible qui voulait, hors de toute loi, assommer le délinquant et le mettre à genoux. Après cela, mon cher compatriote, il est bien difficile de continuer sérieusement à se croire une vocation de justice et le défenseur prédestiné de la veuve et de l'orphelin.

Puisque la pluie redouble et que nous avons le temps, oserais-je vous confier une nouvelle découverte que je fis, peu après, dans ma mémoire? Asseyons-nous à l'abri, sur ce banc. Il y a des siècles que des fumeurs de pipe y contemplent la même pluie tombant sur le même canal. Ce que j'ai à vous raconter est un peu plus difficile. Il s'agit, cette fois, d'une femme. Il faut d'abord savoir que j'ai toujours réussi, et sans grand effort, avec les femmes. Je ne dis pas réussir à les rendre heureuses, ni même à me rendre heureux par elles. Non, réussir, tout simplement. J'arrivais à mes fins, à peu près quand je voulais. On me trouvait du charme, imaginez cela! Vous savez ce qu'est le charme : une manière de s'entendre répondre oui sans avoir posé aucune question claire. Ainsi de moi, à l'époque. Cela vous surprend? Allons, ne le niez pas. Avec la tête qui m'est venue, c'est bien naturel. Hélas! après un certain âge, tout homme est responsable de son visage. Le mien... Mais qu'importe! Le fait est là, on me trouvait du charme et j'en profitais.

Je n'y mettais cependant aucun calcul; j'étais de bonne foi, ou presque. Mon rapport avec les femmes était naturel, aisé, facile comme on dit. Il n'y entrait pas de ruse ou seulement celle, ostensible, qu'elles considèrent comme un hommage. Je les aimais, selon l'expression consacrée, ce qui revient à dire que je n'en ai jamais aimé aucune. J'ai toujours trouvé la misogynie vulgaire et sotte, et presque toutes les femmes que j'ai connues, je les ai jugées meilleures que moi. Cependant, les plaçant si haut, je les ai utilisées plus souvent que servies. Comment s'y retrouver?

Bien entendu, le véritable amour est exceptionnel, deux ou trois par siècle à peu près. Le reste du temps, il y a la vanité ou l'ennui. Pour moi, en tout cas, je n'étais pas la Religieuse portugaise [50]. Je n'ai pas le cœur sec, il s'en faut, plein d'attendrissement au contraire, et la larme facile avec ça. Seulement, mes élans se tournent toujours vers moi, mes attendrissements me concernent. Il est faux, après tout, que je n'aie jamais aimé. J'ai contracté dans ma vie au moins un grand amour, dont j'ai toujours été l'objet. De ce point de vue, après les inévitables difficultés du très jeune âge, j'avais été vite fixé : la sensualité, et elle seule, régnait dans ma vie amoureuse. Je cherchais seulement des objets de plaisir et de conquête. J'y étais aidé d'ailleurs par ma complexion : la nature a été généreuse avec moi. Je n'en étais pas peu fier et j'en tirais beaucoup de satisfactions dont je ne saurais plus dire si elles étaient de plaisir ou de prestige. Bon, vous allez dire que je me vante encore. Je ne le nierai pas et j'en suis d'autant moins fier qu'en ceci je me vante de ce qui est vrai.

Dans tous les cas, ma sensualité, pour ne parler que d'elle, était si réelle que, même pour une aventure de dix minutes, j'aurais renié père et mère, quitte à le regretter amèrement. Que dis-je! Surtout

50. **La Religieuse portugaise** : the Portuguese nun. *The fictional writer of a 1665 volume of passionate love letters long thought to be authentic but whose author turned out to be a man.*

pour une aventure de dix minutes et plus encore si j'avais la certitude qu'elle serait sans lendemain. J'avais des principes, bien sûr, et, par exemple, que la femme des amis était sacrée. Simplement, je cessais, en toute sincérité, quelques jours auparavant, d'avoir de l'amitié pour les maris. Peut-être ne devrais-je pas appeler ceci de la sensualité? La sensualité n'est pas répugnante, elle. Soyons indulgents et parlons d'infirmité, d'une sorte d'incapacité congénitale à voir dans l'amour autre chose que ce qu'on y fait. Cette infirmité, après tout, était confortable. Conjuguée à ma faculté d'oubli, elle favorisait ma liberté. Du même coup, par un certain air d'éloignement et d'indépendance irréductible qu'elle me donnait, elle me fournissait l'occasion de nouveaux succès. A force de n'être pas romantique, je donnais un solide aliment au romanesque. Nos amies, en effet, ont ceci de commun avec Bonaparte qu'elles pensent toujours réussir là où tout le monde à échoué.

Dans ce commerce, du reste, je satisfaisais encore autre chose que ma sensualité : mon amour du jeu. J'aimais dans les femmes les partenaires d'un certain jeu, qui avait le goût, au moins, de l'innocence. Voyez-vous, je ne peux supporter de m'ennuyer et je n'apprécie dans la vie que les récréations. Toute société, même brillante, m'accable rapidement tandis que je ne me suis jamais ennuyé avec les femmes qui me plaisaient. J'ai de la peine à l'avouer, j'aurais donné dix entretiens avec Einstein pour un premier rendez-vous avec une jolie figurante. Il est vrai qu'au dixième rendez-vous, je soupirais après Einstein, ou de fortes lectures. En somme, je ne me suis jamais soucié des grands problèmes que dans les intervalles de mes petits débordements. Et combien de fois, planté sur le trottoir, au cœur d'une discussion passionnée avec des amis, j'ai perdu le fil du raisonnement qu'on m'exposait parce qu'une ravageuse, au même moment, traversait la rue.

Donc, je jouais le jeu. Je savais qu'elles aimaient qu'on n'allât pas trop vite au but. Il fallait d'abord de la conversation, de la tendresse, comme elles disent. Je n'étais pas en peine de discours, étant avocat, ni de regards, ayant été, au régiment, apprenti comédien. Je changeais souvent de rôle; mais il s'agissait toujours de la même pièce. Par exemple, le numéro de l'attirance incompréhensible, du « je ne sais quoi », du « il n'y a pas de raisons, je ne souhaitais pas d'être attiré, j'étais pourtant lassé de l'amour, etc. » était toujours efficace, bien qu'il soit un des plus vieux du répertoire. Il y avait aussi celui du bonheur mystérieux qu'aucune autre femme ne vous a jamais donné, qui est peut-être sans avenir, sûrement même (car on ne saurait trop se garantir), mais qui, justement, est irremplaçable. Surtout, j'avais perfectionné une petite tirade, toujours bien reçue, et que vous applaudirez, j'en suis sûr. L'essentiel de cette tirade tenait dans l'affirmation, douloureuse et résignée, que je n'étais rien, ce n'était pas la peine qu'on s'attachât à moi, ma vie était ailleurs, elle ne passait pas par le bonheur de tous les jours, bonheur que, peut-être, j'eusse préféré à toutes choses, mais voilà, il était trop tard. Sur les raisons de ce retard décisif, je gardais le secret, sachant qu'il est meilleur de coucher avec le mystère. Dans un sens, d'ailleurs, je croyais à ce que je disais, je vivais mon rôle. Il n'est pas étonnant alors que mes partenaires, elles aussi, se missent à brûler les planches. Les plus sensibles de mes amies s'efforçaient de me comprendre et cet effort les menait à de mélancoliques abandons. Les autres, satisfaites de voir que je respectais la règle du jeu et que j'avais la délicatesse de parler avant d'agir, passaient sans attendre aux réalités. J'avais alors gagné, et deux fois, puisque, outre le désir que j'avais d'elles, je satisfaisais l'amour que je me portais, en vérifiant chaque fois mes beaux pouvoirs.

Cela est si vrai que même s'il arrivait que certaines ne me fournissent qu'un plaisir médiocre, je tâchais cependant de renouer avec elles, de loin en loin, aidé sans doute par ce désir singulier que favorise l'absence, suivie d'une complicité soudain retrouvée, mais aussi pour vérifier que nos liens tenaient toujours et qu'il n'appartenait qu'à moi de les resserrer. Parfois, j'allais même jusqu'à leur faire jurer de n'appartenir à aucun autre homme, pour apaiser, une fois pour toutes, mes inquiétudes sur ce point. Le cœur pourtant n'avait point de part à cette inquiétude, ni même l'imagination. Une certaine sorte de prétention était en effet si incarnée en moi que j'avais de la difficulté à imaginer, malgré l'évidence, qu'une femme qui avait été à moi pût jamais appartenir à un autre. Mais ce serment qu'elles me faisaient me libérait en les liant. Du moment qu'elles n'appartiendraient à personne, je pouvais alors me décider à rompre, ce qui, autrement m'était presque toujours impossible. La vérification, en ce qui les concernait, était faite une fois pour toutes, mon pouvoir assuré pour longtemps. Curieux, non? C'est ainsi pourtant mon cher compatriote. Les uns crient : « Aime-moi ! » Les autres : « Ne m'aime pas ! » Mais une certaine race, la pire et la plus malheureuse : « Ne m'aime pas, et sois-moi fidèle ! »

Seulement, voilà, la vérification n'est jamais définitive, il faut la recommencer avec chaque être. A force de recommencer, on contracte des habitudes. Bientôt le discours nous vient sans y penser, le réflexe suit : on se trouve un jour dans la situation de prendre sans vraiment désirer. Croyez-moi, pour certains êtres, au moins, ne pas prendre ce qu'on ne désire pas est la chose la plus difficile du monde.

C'est ce qui arriva un jour et il n'est pas utile de vous dire qui elle était, sinon que, sans me troubler vraiment, elle m'avait attiré, par son air passif et avide. Franchement, ce fut médiocre, comme il fallait s'y attendre. Mais je n'ai jamais eu de complexes et j'oubliai bien vite la personne, que je ne revis plus. Je pensais qu'elle ne s'était aperçue de rien, et je n'imaginais même pas qu'elle pût avoir une opinion. D'ailleurs, son air passif la retranchait du monde à mes yeux. Quelques semaines après, pourtant, j'appris qu'elle avait confié à un tiers mes insuffisances. Sur le coup, j'eus le sentiment d'avoir été un peu trompé ; elle n'était pas si passive que je le croyais, le jugement ne lui manquait pas. Puis je haussai les épaules et fis mine de rire. J'en ris tout à fait même ; il était clair que cet incident était sans importance. S'il est un domaine où la modestie devrait être la règle, n'est-ce pas la sexualité, avec tout ce qu'elle a d'imprévisible ? Mais non, c'est à qui sera le plus avantageux, même dans la solitude. Malgré mes haussements d'épaules, quelle fut, en effet, ma conduite ? Je revis un peu plus tard cette femme, je fis ce qu'il fallait pour la séduire, et la reprendre vraiment. Ce ne fut pas très difficile : elles non plus n'aiment pas rester sur un échec. Dès cet instant, sans le vouloir clairement, je me mis, en fait, à la mortifier de toutes les façons. Je l'abandonnais et la reprenais, la forçais à se donner dans des temps et des lieux qui ne s'y prêtaient pas, la traitais de façon si brutale, dans tous les domaines, que je finis par m'attacher à elle comme j'imagine que le geôlier se lie à son prisonnier. Et cela jusqu'au jour où, dans le violent désordre d'un plaisir douloureux et contraint, elle rendit hommage à voix haute à ce qui l'asservissait. Ce jour-là, je commençai de m'éloigner d'elle. Depuis, je l'ai oubliée.

Je conviendrai avec vous, malgré votre courtois silence, que cette aventure n'est pas très reluisante. Songez pourtant à votre vie, mon cher compatriote! Creusez votre mémoire, peut-être y trouverez-vous quelque histoire semblable que vous me conterez plus tard. Quant à moi, lorsque cette affaire me revint à l'esprit, je me mis encore à rire. Mais c'était d'un autre rire, assez semblable à celui que j'avais entendu sur le pont des Arts. Je riais de mes discours et de mes plaidoiries. Plus encore de mes plaidoiries, d'ailleurs, que de mes discours aux femmes. A celles-ci, du moins, je mentais peu. L'instinct parlait claire-ment, sans faux-fuyants, dans mon attitude. L'acte d'amour, par exemple, est un aveu. L'égoïsme y crie, ostensiblement, la vanité s'y étale, ou bien la vraie générosité s'y révèle. Finalement, dans cette regretta-ble histoire, mieux encore que dans mes autres intri-gues, j'avais été plus franc que je ne pensais, j'avais dit qui j'étais, et comment je pouvais vivre. Malgré les apparences, j'étais donc plus digne dans ma vie privée, même, et surtout, quand je me condui-sais comme je vous l'ai dit, que dans mes grandes envolées professionnelles sur l'innocence et la justice. Du moins, me voyant agir avec les êtres, je ne pouvais pas me tromper sur la vérité de ma nature. Nul homme n'est hypocrite dans ses plaisirs, ai-je lu cela ou l'ai-je pensé, mon cher compatriote?

Quand je considérais, ainsi, la difficulté que j'avais à me séparer définitivement d'une femme, difficulté qui m'amenait à tant de liaisons simulta-nées, je n'en accusais pas la tendresse de mon cœur. Ce n'était pas elle qui me faisait agir, lorsque l'une de mes amies se lassait d'attendre l'Austerlitz [51] de notre passion et parlait de se retirer. Aussitôt, c'était moi qui faisais un pas en avant, qui concédais, qui devenais éloquent. La tendresse, et la douce faiblesse d'un cœur, je les réveillais en elles, n'en ressentant moi-même que l'apparence, simplement un peu excité par ce refus, alarmé aussi par la possible perte d'une affection. Parfois, je croyais souffrir véritablement, il est vrai. Il suffisait pourtant que la rebelle partît vraiment pour que je l'oubliasse sans effort, comme je l'oubliais près de moi quand elle avait décidé, au contraire, de revenir. Non, ce n'était pas l'amour, ni la générosité qui me réveillait lorsque j'étais en danger d'être abandonné, mais seulement le désir d'être aimé et de recevoir ce qui, selon moi, m'était dû. Aussitôt aimé, et ma partenaire à nouveau oubliée, je reluisais, j'étais au mieux, je devenais sympathique.

Notez d'ailleurs que cette affection, dès que je l'avais regagnée, j'en ressentais le poids. Dans mes moments d'agacement, je me disais alors que la solution idéale eût été la mort pour cette personne qui m'intéressait. Cette mort eût difinitivement fixé notre lien, d'une part, et, de l'autre, lui eût ôté sa contrainte. Mais on ne peut souhaiter la mort de tout le monde ni, à la limite, dépeupler la planète pour jouir d'une liberté inimaginable autrement. Ma sensibilité s'y opposait, et mon amour des hommes.

Le seul sentiment profond qu'il m'arrivât d'éprouver dans ces intrigues était la gratitude, quand tout marchait bien et qu'on me laissait, en même temps que la paix, la liberté d'aller et de venir, jamais plus gentil et gai avec l'une que lorsque je venais de

51. **Austerlitz:** *town in Czechoslovakia where Napoleon defeated the Russian and Austrian armies on a brilliant December day. The « sun of Austerlitz » thus designates the summit of his power. In context here : the high point of passion.*

quitter le lit d'une autre, comme si j'étendais à toutes les autres femmes la dette que je venais de contracter près de l'une d'elles. Quelle que fût, d'ailleurs, la confusion apparente de mes sentiments, le résultat que j'obtenais était clair : je maintenais toutes mes affections autour de moi pour m'en servir quand je le voulais. Je ne pouvais donc vivre, de mon aveu même, qu'à la condition que, sur toute la terre, tous les êtres, ou le plus grand nombre possible, fussent tournés vers moi, éternellement vacants, privés de vie indépendante, prêts à répondre à mon appel à n'importe quel moment, voués enfin à la stérilité, jusqu'au jour où je daignerais les favoriser de ma lumière. En somme, pour que je vive heureux, il fallait que les êtres que j'élisais ne vécussent point. Ils ne devaient recevoir leur vie, de loin en loin, que de mon bon plaisir.

Ah ! je ne mets aucune complaisance, croyez-le bien, à vous raconter cela. Quand je pense à cette période où je demandais tout sans rien payer moi-même, où je mobilisais tant d'êtres à mon service, où je les mettais en quelque sorte au frigidaire, pour les avoir un jour ou l'autre sous la main, à ma convenance, je ne sais comment nommer le curieux sentiment qui me vient. Ne serait-ce pas la honte ? La honte, dites-moi, mon cher compatriote, ne brûle-t-elle pas un peu ? Oui ? Alors, il s'agit peut-être d'elle, ou d'un de ces sentiments ridicules qui concernent l'honneur. Il me semble en tout cas que ce sentiment ne m'a plus quitté depuis cette aventure que j'ai trouvée au centre de ma mémoire et dont je ne peux différer plus longtemps le récit, malgré mes digressions et les efforts d'une invention à laquelle, je l'espère, vous rendez justice.

Tiens, la pluie a cessé ! Ayez la bonté de me raccompagner chez moi. Je suis fatigué, étrangement, non d'avoir parlé, mais à la seule idée de ce qu'il me faut encore dire. Allons! Quelques mots suffiront pour retracer ma découverte essentielle. Pourquoi en dire plus, d'ailleurs? Pour que la statue soit nue, les beaux discours doivent s'envoler. Voici. Cette nuit-là, en novembre, deux ou trois ans avant le soir où je crus entendre rire dans mon dos, je regagnais la rive gauche, et mon domicile, par le pont Royal. Il était une heure après minuit, une petite pluie tombait, une bruine plutôt, qui dispersait les rares passants. Je venais de quitter une amie qui, sûrement, dormait déjà. J'étais heureux de cette marche, un peu engourdi, le corps calmé, irrigué par un sang doux comme la pluie qui tombait. Sur le pont, je passai derrière une forme penchée sur le parapet, et qui semblait regarder le fleuve. De plus près, je distinguai une mince jeune femme, habillée de noir. Entre les cheveux sombres et le col du manteau, on voyait seulement une nuque, fraîche et mouillée, à laquelle je fus sensible. Mais je poursuivis ma route, après une hésitation. Au bout du pont, je pris les quais en direction de Saint-Michel, où je demeurais. J'avais déjà parcouru une cinquantaine de mètres à peu près, lorsque j'entendis le bruit, qui, malgré la distance, me parut formidable dans le silence nocturne, d'un corps qui s'abat sur l'eau. Je m'arrêtai net, mais sans me retourner. Presque aussitôt, j'entendis un cri, plusieurs fois répété, qui descendait lui aussi le fleuve, puis s'éteignit brusquement. Le silence qui suivit, dans la nuit soudain figée, me parut interminable. Je voulus courir et je ne bougeai pas. Je tremblais, je crois, de froid et de saisissement. Je me disais qu'il fallait faire vite et je sentais une faiblesse irrésistible envahir mon corps. J'ai oublié ce que j'ai pensé alors. « Trop tard, trop loin... » ou quelque chose de ce genre. J'écoutais toujours, immobile. Puis, à petits pas, sous la pluie, je m'éloignai. Je ne prévins personne.

Mais nous sommes arrivés, voici ma maison, mon abri! Demain? Oui, comme vous voudrez. Je vous mènerai volontiers à l'île de Marken, vous verrez le Zuyderzee. Rendez-vous à onze heures à *Mexico-City*. Quoi? Cette femme? Ah! je ne sais pas vraiment, je ne sais pas. Ni le lendemain, ni les jours qui suivirent, je n'ai lu les journaux.

Un village de poupée, ne trouvez-vous pas? Le pittoresque ne lui a pas été épargné! Mais je ne vous ai pas conduit dans cette île pour le pittoresque, cher ami. Tout le monde peut vous faire admirer des coiffes, des sabots, et des maisons décorées où des pêcheurs fument du tabac dans l'odeur de l'encaustique. Je suis un des rares, au contraire, à pouvoir vous montrer ce qu'il y a d'important ici.

Nous atteignons la digue. Il faut la suivre pour être aussi loin que possible de ces trop gracieuses maisons. Asseyons-nous, je vous en prie. Qu'en dites-vous? Voilà, n'est-ce pas, le plus beau des paysages négatifs! Voyez, à notre gauche, ce tas de cendres qu'on appelle ici une dune, la digue grise à notre droite, la grève livide à nos pieds et, devant nous, la mer couleur de lessive faible, le vaste ciel où se reflètent les eaux blêmes. Un enfer mou, vraiment! Rien que des horizontales, aucun éclat, l'espace est incolore, la vie morte. N'est-ce pas l'effacement universel, le néant sensible aux yeux? Pas d'hommes, surtout, pas d'hommes! Vous et moi, seulement, dans la planète enfin déserte! Le ciel vit? Vous avez raison, cher ami. Il s'épaissit, puis se creuse, ouvre des escaliers d'air, ferme des portes de nuées. Ce sont les colombes.

N'avez-vous pas remarqué que le ciel de Hollande est rempli de millions de colombes, invisibles tant elles se tiennent haut, et qui battent des ailes, montent et descendent d'un même mouvement, remplissant l'espace céleste avec des flots épais de plumes grisâtres que le vent emporte ou ramène. Les colombes attendent là-haut, elles attendent toute l'année. Elles tournent au-dessus de la terre, regardent, voudraient descendre. Mais il n'y a rien, que la mer et les canaux, des toits couverts d'enseignes, et nulle tête où se poser.

Vous ne comprenez pas ce que je veux dire? Je vous avouerai ma fatigue. Je perds le fil de mes discours, je n'ai plus cette clarté d'esprit à laquelle mes amis se plaisaient à rendre hommage. Je dis mes amis, d'ailleurs, pour le principe. Je n'ai plus d'amis, je n'ai que des complices. En revanche, leur nombre a augmenté, ils sont le genre humain. Et dans le genre humain, vous le premier. Celui qui est là est toujours le premier. Comment je sais que je n'ai pas d'amis? C'est très simple : je l'ai découvert le jour où j'ai pensé à me tuer pour leur jouer une bonne farce, pour les punir, en quelque sorte. Mais punir qui? Quelques-uns seraient surpris; personne ne se sentirait puni. J'ai compris que je n'avais pas d'amis. Du reste, même si j'en avais eu, je n'en serais pas plus avancé. Si j'avais pu me suicider et voir ensuite leur tête, alors, oui, le jeu en eût valu la chandelle. Mais la terre est obscure, cher ami, le bois épais, opaque le linceul. Les yeux de l'âme, oui, sans doute, s'il y a une âme et si elle a des yeux! Mais voilà, on n'est pas sûr, on n'est jamais sûr. Sinon, il y aurait une issue, on pourrait enfin se faire prendre au sérieux. Les hommes ne sont convaincus de vos raisons, de votre sincérité, et de la gravité de vos peines, que par votre mort. Tant que vous êtes en vie, votre cas est douteux, vous n'avez droit qu'à leur scepticisme. Alors, s'il y avait une seule certitude qu'on puisse jouir du spectacle, cela vaudrait la peine de leur prouver ce qu'ils ne veulent pas croire, et de les étonner. Mais vous vous tuez et qu'importe qu'ils vous croient ou non : vous n'êtes pas là pour recueillir leur étonnement et leur contrition, d'ailleurs fugace, pour assister enfin, selon le rêve de chaque homme, à vos propres funérailles. Pour cesser d'être douteux, il faut cesser d'être, tout bellement.

Du reste, n'est-ce pas mieux ainsi? Nous souffririons trop de leur indifférence. « Tu me le paieras! » disait une fille à son père qui l'avait empêchée de se marier à un soupirant trop bien peigné. Et elle se tua. Mais le père n'a rien payé du tout. Il adorait la pêche au lancer [52]. Trois dimanches après, il retournait à la rivière, pour oublier, disait-il. Le calcul était juste, il oublia. A vrai dire, c'est le contraire qui eût surpris. On croit mourir pour punir sa femme, et on lui rend la liberté. Autant ne pas voir ça. Sans compter qu'on risquerait d'entendre les raisons qu'ils donnent de votre geste. Pour ce qui me concerne, je les entends déjà : « Il s'est tué parce qu'il n'a pu supporter de... » Ah! cher ami, que les hommes sont pauvres en invention. Ils croient toujours qu'on se suicide pour une raison. Mais on peut très bien se suicider pour deux raisons. Non, ça ne leur entre pas dans la tête. Alors, à quoi bon mourir volontairement, se sacrifier à l'idée qu'on veut donner de soi? Vous mort, ils en profiteront pour donner à votre geste des motifs idiots, ou vulgaires. Les martyrs, cher ami, doivent choisir d'être oubliés, raillés ou utilisés. Quant à être compris, jamais.

Et puis, allons droit au but, j'aime la vie, voilà ma

---

52. **Pêche au lancer** : fly-casting.

vraie faiblesse. Je l'aime tant que je n'ai aucune imagination pour ce qui n'est pas elle. Une telle avidité a quelque chose de plébéien, vous ne trouvez pas? L'aristocratie ne s'imagine pas sans un peu de distance à l'égard de soi-même et de sa propre vie. On meurt s'il le faut, on rompt plutôt que de plier [53]. Mais moi, je plie, parce que je continue de m'aimer. Tenez, après tout ce que je vous ai raconté, que croyez-vous qu'il me soit venu? Le dégoût de moi-même? Allons donc, c'était surtout des autres que j'étais dégoûté. Certes, je connaissais mes défaillances et je les regrettais. Je continuais pourtant de les oublier, avec une obstination assez méritoire. Le procès des autres, au contraire, se faisait sans trêve dans mon cœur. Certainement, cela vous choque? Vous pensez peut-être que ce n'est pas logique? Mais la question n'est pas de rester logique. La question est de glisser au travers, et surtout, oh! oui, surtout, la question est d'éviter le jugement. Je ne dis pas d'éviter le châtiment. Car le châtiment sans jugement est supportable. Il a un nom d'ailleurs qui garantit notre innocence : le malheur. Non, il s'agit au contraire de couper au jugement, d'éviter d'être toujours jugé, sans que jamais la sentence soit prononcée.

Mais on n'y coupe pas si facilement. Pour le jugement, aujourd'hui, nous sommes toujours prêts, comme pour la fornication. Avec cette différence qu'il n'y a pas à craindre de défaillances. Si vous en doutez, prêtez l'oreille aux propos de table, pendant le mois d'août, dans ces hôtels de villégiature où nos charitables compatriotes viennent faire leur cure d'ennui. Si vous hésitez encore à conclure, lisez donc les écrits de nos grands hommes du moment. Ou bien observez

53. *Allusion to La Fontaine's fable* « Le Chêne et le roseau ». *Under a raging wind, the reed bends and does not break, whereas the oak resists and is uprooted.*

votre propre famille, vous serez édifié. Mon cher ami, ne leur donnons pas de prétexte à nous juger, si peu que ce soit! Ou sinon, nous voilà en pièces. Nous sommes obligés aux mêmes prudences que le dompteur. S'il a le malheur, avant d'entrer dans la cage, de se couper avec son rasoir, quel gueuleton pour les fauves! J'ai compris cela d'un coup, le jour où le soupçon m'est venu que, peut-être, je n'étais pas si admirable. Dès lors, je suis devenu méfiant. Puisque je saignais un peu, j'y passerais tout entier : ils allaient me dévorer.

Mes rapports avec mes contemporains étaient les mêmes, en apparence, et pourtant devenaient subtilement désaccordés. Mes amis n'avaient pas changé. Ils vantaient toujours, à l'occasion, l'harmonie et la sécurité qu'on trouvait auprès de moi. Mais je n'étais sensible qu'aux dissonances, au désordre qui m'emplissait; je me sentais vulnérable, et livré à l'accusation publique. Mes semblables cessaient d'être à mes yeux l'auditoire respectueux dont j'avais l'habitude. Le cercle dont j'étais le centre se brisait et ils se plaçaient sur une seule rangée, comme au tribunal. A partir du moment où j'ai appréhendé qu'il y eût en moi quelque chose à juger, j'ai compris, en somme, qu'il y avait en eux une vocation irrésistible de jugement. Oui, ils étaient là, comme avant, mais ils riaient. Ou plutôt il me semblait que chacun de ceux que je rencontrais me regardait avec un sourire caché. J'eus même l'impression, à cette époque, qu'on me faisait des crocs-en-jambe. Deux ou trois fois, en effet, je butai, sans raison, en entrant dans des endroits publics. Une fois même, je m'étalai. Le Français cartésien que je suis eut vite fait de se reprendre et d'attribuer ces accidents à la seule divinité raisonnable, je veux dire le hasard. N'importe, il me restait de la défiance.

Mon attention éveillée, il ne me fut pas difficile de découvrir que j'avais des ennemis. Dans mon métier d'abord, et puis dans ma vie mondaine. Pour les uns, je les avais obligés. Pour d'autres, j'aurais dû les obliger. Tout cela, en somme, était dans l'ordre et je le découvris sans trop de chagrin. Il me fut plus difficile et douloureux, en revanche, d'admettre que j'avais des ennemis parmi des gens que je connaissais à peine, ou pas du tout. J'avais toujours pensé, avec l'ingénuité dont je vous ai donné quelques preuves, que ceux qui ne me connaissaient pas ne pourraient s'empêcher de m'aimer s'ils venaient à me fréquenter. Eh bien, non! Je rencontrai des inimitiés surtout parmi ceux qui ne me connaissaient que de très loin, et sans que je les connusse moi-même. Sans doute me soupçonnaient-ils de vivre pleinement et dans un libre abandon au bonheur : cela ne se pardonne pas. L'air de la réussite, quand il est porté d'une certaine manière, rendrait un âne enragé. Ma vie, d'autre part, était pleine à craquer et, par manque de temps, je refusais beaucoup d'avances. J'oubliais ensuite, pour la même raison, mes refus. Mais ces avances m'avaient été faites par des gens dont la vie n'était pas pleine et qui, pour cette même raison, se souvenaient de mes refus.

C'est ainsi, pour ne prendre qu'un exemple, que les femmes, au bout du compte, me coûtaient cher. Le temps que je leur consacrais, je ne pouvais le donner aux hommes, qui ne me le pardonnaient pas toujours. Comment s'en tirer? On ne vous pardonne votre bonheur et vos succès que si vous consentez généreusement à les partager. Mais pour être heureux, il ne faut pas trop s'occuper des autres. Dès lors, les issues sont fermées. Heureux et jugé, ou absous et misérable. Quant à moi, l'injustice était plus grande : j'étais condamné pour des bonheurs anciens. J'avais vécu longtemps dans l'illusion d'un accord général, alors que, de toutes parts, les jugements, les flèches et les railleries fondaient sur moi, distrait et souriant. Du jour où je fus alerté, la lucidité me vint. Je reçus toutes les blessures en même temps et je perdis mes forces d'un seul coup. L'univers entier se mit alors à rire autour de moi.

Voilà ce qu'aucun homme (sinon ceux qui ne vivent pas, je veux dire les sages) ne peut supporter. La seule parade est dans la méchanceté. Les gens se dépêchent alors de juger pour ne pas l'être eux-mêmes. Que voulez-vous? L'idée la plus naturelle à l'homme, celle qui lui vient naïvement, comme au fond de sa nature, est l'idée de son innocence. De ce point de vue, nous sommes tous comme ce petit Français qui, à Buchenwald [54], s'obstinait à vouloir déposer une réclamation auprès du scribe, lui-même prisonnier, et qui enregistrait son arrivée. Une réclamation? Le scribe et ses camarades riaient : « Inutile, mon vieux. On ne réclame pas, ici. » « C'est que, voyez-vous, monsieur, disait le petit Français, mon cas est exceptionnel. Je suis innocent! »

Nous sommes tous des cas exceptionnels. Nous voulons tous faire appel de quelque chose! Chacun exige d'être innocent, à tout prix, même si, pour cela, il faut accuser le genre humain et le ciel. Vous réjouirez médiocrement un homme en lui faisant compliment des efforts grâce auxquels il est devenu intelligent ou généreux. Il s'épanouira au contraire si vous admirez sa générosité naturelle. Inversement, si vous dites à un criminel que sa faute ne tient pas à sa nature ni à son caractère, mais à de malheureuses circonstances, il vous en sera violemment reconnaissant. Pendant la plaidoirie, il choisira même ce

---

54. Buchenwald : *One of the most infamous of the Nazi concentration camps in Poland.*

moment pour pleurer. Pourtant, il n'y a pas de mérite à être honnête, ni intelligent, de naissance. Comme on n'est sûrement pas plus responsable à être criminel de nature qu'à l'être de circonstance. Mais ces fripons veulent la grâce, c'est-à-dire l'irresponsabilité, et ils excipent sans vergogne [55] des justifications de la nature ou des excuses des circonstances, même si elles sont contradictoires. L'essentiel est qu'ils soient innocents, que leurs vertus, par grâce de naissance, ne puissent être mises en doute, et que leurs fautes, nées d'un malheur passager, ne soient jamais que provisoires. Je vous l'ai dit, il s'agit de couper au jugement. Comme il est difficile d'y couper, délicat de faire en même temps admirer et excuser sa nature, ils cherchent tous à être riches. Pourquoi? Vous l'êtes-vous demandé? Pour la puissance, bien sûr. Mais surtout parce que la richesse soustrait au jugement immédiat, vous retire de la foule du métro pour vous enfermer dans une carrosserie nickelée, vous isole dans de vastes parcs gardés, des wagons-lits, des cabines de luxe. La richesse, cher ami, ce n'est pas encore l'acquittement, mais le sursis [56], toujours bon à prendre...

Surtout, ne croyez pas vos amis, quand ils vous demanderont d'être sincère avec eux. Ils espèrent seulement que vous les entretiendrez dans la bonne idée qu'ils ont d'eux-mêmes, en les fournissant d'une certitude supplémentaire qu'ils puiseront dans votre promesse de sincérité. Comment la sincérité serait-elle une condition de l'amitié? Le goût de la vérité à tout prix est une passion qui n'épargne rien et à quoi rien ne résiste. C'est un vice, un confort parfois, ou un égoïsme. Si, donc, vous vous trouvez dans ce cas,

55. **Ils excipent sans vergogne**: « They shamelessly allege » (*O'Brien*).
56. **sursis**: reprieve.

n'hésitez pas : promettez d'être vrai et mentez le mieux possible. Vous répondrez à leur désir profond et leur prouverez doublement votre affection.

C'est si vrai que nous nous confions rarement à ceux qui sont meilleurs que nous. Nous fuirions plutôt leur société. Le plus souvent, au contraire, nous nous confessons à ceux qui nous ressemblent et qui partagent nos faiblesses. Nous ne désirons donc pas nous corriger, ni être améliorés : il faudrait d'abord que nous fussions jugés défaillants. Nous souhaitons seulement être plaints et encouragés dans notre voie. En somme, nous voudrions, en même temps, ne plus être coupables et ne pas faire l'effort de nous purifier. Pas assez de cynisme et pas assez de vertu. Nous n'avons ni l'énergie du mal, ni celle du bien. Connaissez-vous Dante ? Vraiment ? Diable. Vous savez donc que Dante admet des anges neutres dans la querelle entre Dieu et Satan. Et il les place dans les Limbes, une sorte de vestibule de son enfer. Nous sommes dans le vestibule, cher ami.

De la patience ? Vous avez raison, sans doute. Il nous faudrait la patience d'attendre le Jugement dernier. Mais voilà, nous sommes pressés. Si pressés même que j'ai été obligé de me faire juge-pénitent. Cependant, j'ai dû d'abord m'arranger de mes découvertes et me mettre en règle avec le rire de mes contemporains. A partir du soir où j'ai été appelé, car j'ai été appelé réellement, j'ai dû répondre ou du moins chercher la réponse. Ce n'était pas facile ; j'ai longtemps erré. Il a fallu d'abord que ce rire perpétuel, et les rieurs, m'apprissent à voir plus clair en moi, à découvrir enfin que je n'étais pas simple. Ne souriez pas, cette vérité n'est pas aussi première qu'elle paraît. On appelle vérités premières celles qu'on découvre après toutes les autres, voilà tout.

Toujours est-il qu'après de longues études sur moi-même, j'ai mis au jour la duplicité profonde de la créature. J'ai compris alors, à force de fouiller dans ma mémoire, que la modestie m'aidait à briller, l'humilité à vaincre et la vertu à opprimer. Je faisais la guerre par des moyens pacifiques et j'obtenais enfin, par les moyens du désintéressement, tout ce que je convoitais. Par exemple, je ne me plaignais jamais qu'on oubliât la date de mon anniversaire; on s'étonnait même, avec une pointe d'admiration, de ma discrétion à ce sujet. Mais la raison de mon désintéressement était encore plus discrète : je désirais être oublié afin de pouvoir m'en plaindre à moi-même. Plusieurs jours avant la date, entre toutes glorieuse, que je connaissais bien, j'étais aux aguets, attentif à ne rien laisser échapper qui puisse éveiller l'attention et la mémoire de ceux dont j'escomptais la défaillance (n'ai-je pas eu un jour l'intention de truquer un calendrier d'appartement?). Ma solitude bien démontrée, je pouvais alors m'abandonner aux charmes d'une virile tristesse.

La face de toutes mes vertus avait ainsi un revers moins imposant. Il est vrai que, dans un autre sens, mes défauts tournaient à mon avantage. L'obligation où je me trouvais de cacher la partie vicieuse de ma vie me donnait par exemple un air froid que l'on confondait avec celui de la vertu, mon indifférence me valait d'être aimé, mon égoïsme culminait dans mes générosités. Je m'arrête : trop de symétrie nuirait à ma démonstration. Mais quoi, je me faisais dur et je n'ai jamais pu résister à l'offre d'un verre ni d'une femme! Je passais pour actif, énergique, et mon royaume était le lit. Je criais ma loyauté et il n'est pas, je crois, un seul des êtres que j'aie aimés que, pour finir, je n'aie aussi trahi. Bien sûr, mes trahisons n'empêchaient pas ma fidélité, j'abattais un travail considérable à force d'indolences, je n'avais jamais cessé d'aider mon prochain, grâce au plaisir que j'y trouvais. Mais j'avais beau me répéter ces évidences, je n'en tirais que de superficielles consolations. Certains matins, j'instruisais mon procès jusqu'au bout et j'arrivais à la conclusion que j'excellais surtout dans le mépris. Ceux mêmes que j'aidais le plus souvent étaient le plus méprisés. Avec courtoisie, avec une solidarité pleine d'émotion, je crachais tous les jours à la figure de tous les aveugles.

Franchement, y a-t-il une excuse à cela? Il y en a une, mais si misérable que je ne puis songer à la faire valoir. En tout cas, voilà : je n'ai jamais pu croire profondément que les affaires humaines fussent choses sérieuses. Où était le sérieux, je n'en savais rien, sinon qu'il n'était pas dans tout ceci que je voyais et qui m'apparaissait seulement comme un jeu amusant, ou importun. Il y a vraiment des efforts et des convictions que je n'ai jamais compris. Je regardais toujours d'un air étonné, et un peu soupçonneux, ces étranges créatures qui mouraient pour de l'argent et se désespéraient pour la perte d'une « situation » ou se sacrifiaient avec de grands airs pour la prospérité de leur famille. Je comprenais mieux cet ami qui s'était mis en tête de ne plus fumer et, à force de volonté, y avait réussi. Un matin, il ouvrit le journal, lut que la première bombe H avait explosé, s'instruisit de ses admirables effets et entra sans délai dans un bureau de tabac.

Sans doute, je faisais mine, parfois, de prendre la vie au sérieux. Mais, bien vite, la frivolité du sérieux lui-même m'apparaissait et je continuais seulement de jouer mon rôle, aussi bien que je pouvais. Je jouais à être efficace, intelligent, vertueux, civique, indigné, indulgent, solidaire, édifiant... Bref, je m'arrête, vous avez déjà compris que j'étais comme mes Hollandais qui sont là sans y être : j'étais absent au moment où je tenais le plus de place. Je n'ai vraiment été sincère et enthousiaste qu'au temps où je faisais du sport, et, au régiment, quand je jouais dans les pièces que nous représentions pour notre plaisir. Il y avait dans les deux cas une règle du jeu, qui n'était pas sérieuse, et qu'on s'amusait à prendre pour telle. Maintenant encore, les matches du dimanche, dans un stade plein à craquer, et le théâtre, que j'ai aimé avec une passion sans égale, sont les seuls endroits du monde où je me sente innocent.

Mais qui admettrait qu'une pareille attitude soit légitime quand il s'agit de l'amour, de la mort et du salaire des misérables? Que faire pourtant? Je n'imaginais l'amour d'Yseult [57] que dans les romans ou sur une scène. Les agonisants me paraissaient parfois pénétrés de leurs rôles. Les répliques de mes clients pauvres me semblaient toujours conformes au même canevas. Dès lors, vivant parmi les hommes sans partager leurs intérêts, je ne parvenais pas à croire aux engagements que je prenais. J'étais assez courtois, et assez indolent, pour répondre à ce qu'ils attendaient de moi dans mon métier, ma famille ou ma vie de citoyen, mais, chaque fois, avec une sorte de distraction, qui finissait par tout gâter. J'ai vécu ma vie entière sous un double signe et mes actions les plus graves ont été souvent celles où j'étais le moins engagé. N'était-ce pas cela, après tout, que, pour ajouter à mes bêtises, je n'ai pu me pardonner, qui m'a fait regimber avec le plus de violence contre le jugement que je sentais à l'œuvre, en moi et autour de moi, et qui m'a obligé à chercher une issue?

57. **Yseult** : *Isolde, the heroine of the popular medieval romance,* Tristan and Isolde. *Tristan was sent to Ireland by his uncle King Mark, whose bride she was to be, to bring back Isolde. On the way back, the two young people drank a powerful love potion by mistake, and so lived a tragic life of separation and suffering.*

Pendant quelque temps, et en apparence, ma vie continua comme si rien n'était changé. J'étais sur des rails et je roulais. Comme par un fait exprès, les louanges redoublaient autour de moi. Justement, le mal vint de là. Vous vous rappelez : « Malheur à vous quand tous les hommes diront du bien de vous! » Ah! celui-là parlait d'or! Malheur à moi! La machine se mit donc à avoir des caprices, des arrêts inexplicables.

C'est à ce moment que la pensée de la mort fit irruption dans ma vie quotidienne. Je mesurais les années qui me séparaient de ma fin. Je cherchais des exemples d'hommes de mon âge qui fussent déjà morts. Et j'étais tourmenté par l'idée que je n'aurais pas le temps d'accomplir ma tâche. Quelle tâche? Je n'en savais rien. A franchement parler, ce que je faisais valait-il la peine d'être continué? Mais ce n'était pas exactement cela. Une crainte ridicule me poursuivait, en effet : on ne pouvait mourir sans avoir avoué tous ses mensonges. Non pas à Dieu, ni à un de ses représentants, j'étais au-dessus de ça, vous le pensez bien. Non, il s'agissait de l'avouer aux hommes, à un ami, ou à une femme aimée, par exemple. Autrement, et n'y eût-il qu'un seul mensonge de caché dans une vie, la mort le rendait définitif. Personne, jamais plus, ne connaîtrait la vérité sur ce point puisque le seul qui la connût était justement le mort, endormi sur son secret. Ce meurtre absolu d'une vérité me donnait le vertige. Aujourd'hui, entre parenthèses, il me donnerait plutôt des plaisirs délicats. L'idée, par exemple, que je suis seul à connaître ce que tout le monde cherche et que j'ai chez moi un objet qui a fait courir en vain trois polices est purement délicieuse. Mais laissons cela. A l'époque, je n'avais pas trouvé la recette et je me tourmentais.

Je me secouais, bien sûr. Qu'importait le mensonge

d'un homme dans l'histoire des générations et quelle prétention de vouloir amener dans la lumière de la vérité une misérable tromperie, perdue dans l'océan des âges comme le grain de sel dans la mer! Je me disais aussi que la mort du corps, si j'en jugeais par celles que j'avais vues, était, par elle-même, une punition suffisante et qui absolvait tout. On y gagnait son salut (c'est-à-dire le droit de disparaître définitivement) à la sueur de l'agonie. Il n'empêche, le malaise grandissait, la mort était fidèle à mon chevet, je me levais avec elle, et les compliments me devenaient de plus en plus insupportables. Il me semblait que le mensonge augmentait avec eux, si démesurément, que jamais plus je ne pourrais me mettre en règle.

Un jour vint où je n'y tins plus. Ma première réaction fut désordonnée. Puisque j'étais menteur, j'allais le manifester et jeter ma duplicité à la figure de tous ces imbéciles avant même qu'ils la découvrissent. Provoqué à la vérité, je répondrais au défi. Pour prévenir le rire, j'imaginai donc de me jeter dans la dérision générale. En somme, il s'agissait encore de couper au jugement. Je voulais mettre les rieurs de mon côté ou, du moins, me mettre de leur côté. Je méditais par exemple de bousculer des aveugles dans la rue, et à la joie sourde et imprévue que j'en éprouvais, je découvrais à quel point une partie de mon âme les détestait; je projetais de crever les pneumatiques des petites voitures d'infirmes, d'aller hurler « sale pauvre » sous les échafaudages où travaillaient les ouvriers, de gifler des nourrissons dans le métro. Je rêvais de tout cela et n'en fis rien, ou, si je fis quelque chose d'approchant, je l'ai oublié. Toujours est-il que le mot même de justice me jetait dans d'étranges fureurs. Je continuais, forcément, de l'utiliser dans mes plaidoiries. Mais je m'en vengeais en maudissant publiquement l'esprit d'humanité; j'annonçais la publication d'un manifeste dénonçant l'oppression que les opprimés faisaient peser sur les honnêtes gens. Un jour où je mangeais de la langouste à la terrasse d'un restaurant et où un mendiant m'importunait, j'appelai le patron pour le chasser et j'applaudis à grand bruit le discours de ce justicier : «Vous gênez, disait-il. Mettez-vous à la place de ces messieurs-dames, à la fin!» Je disais aussi, à qui voulait l'entendre, mon regret qu'il ne fût plus possible d'opérer comme un propriétaire russe dont j'admirais le caractère : il faisait fouetter en même temps ceux de ses paysans qui le saluaient et ceux qui ne le saluaient pas pour punir une audace qu'il jugeait dans les deux cas également effrontée.

Je me souviens cependant de débordements plus graves. Je commençais d'écrire une *Ode à la police* et une *Apothéose du couperet* [58]. Surtout, je m'obligeais à visiter régulièrement les cafés spécialisés où se réunissaient nos humanistes professionnels. Mes bons antécédents m'y faisaient naturellement bien recevoir. Là, sans y paraître, je lâchais un gros mot : «Dieu merci!» disais-je ou plus simplement : «Mon Dieu...» Vous savez comme nos athées de bistrots sont de timides communiants. Un moment de stupeur suivait l'énoncé de cette énormité, ils se regardaient, stupéfaits, puis le tumulte éclatait, les uns fuyaient hors du café, les autres caquetaient avec indignation sans rien écouter, tous se tordaient de convulsions, comme le diable sous l'eau bénite.

Vous devez trouver cela puéril. Pourtant, il y avait peut-être une raison plus sérieuse à ces plaisanteries. Je voulais déranger le jeu et surtout, oui, détruire cette réputation flatteuse dont la pensée me mettait en

58. **couperet** : the knife (*of the guillotine*).

fureur. « Un homme comme vous... » me disait-on avec gentillesse, et je blêmissais. Je n'en voulais plus de leur estime puisqu'elle n'était pas générale et comment aurait-elle été générale puisque je ne pouvais la partager? Alors, il valait mieux tout recouvrir, jugement et estime, d'un manteau de ridicule. Il me fallait libérer de toute façon le sentiment qui m'étouffait. Pour exposer aux regards ce qu'il avait dans le ventre, je voulais fracturer le beau mannequin que je présentais en tous lieux. Je me souviens ainsi d'une causerie que je devais faire devant de jeunes avocats stagiaires. Agacé par les incroyables éloges du bâtonnier [59] qui m'avait présenté, je ne pus tenir longtemps. J'avais commencé avec la fougue et l'émotion qu'on attendait de moi et que je n'avais aucune difficulté à livrer sur commande. Mais je me mis soudain à conseiller l'amalgame [60] comme méthode de défense. Non pas, disais-je, cet amalgame perfectionné par les inquisitions modernes qui jugent en même temps un voleur et un honnête homme pour accabler le second des crimes du premier. Il s'agissait au contraire de défendre le voleur en faisant valoir les crimes de l'honnête homme, l'avocat en l'occurrence. Je m'expliquai fort clairement sur ce point :

« Supposons que j'aie accepté de défendre quelque citoyen attendrissant, meurtrier par jalousie. Considérez, dirais-je, messieurs les jurés, ce qu'il y a de véniel à se fâcher, lorsqu'on voit sa bonté naturelle mise à l'épreuve par la malignité du sexe. N'est-il pas plus grave au contraire de se trouver de ce côté-ci de la barre, sur mon propre banc, sans avoir jamais été bon, ni souffert d'être dupe. Je suis libre,

59. **bâtonnier** : President of the Bar.
60. *A system of defense which attempts to merge the situations of victim and criminal indiscriminately as equally germane to the crime.*

soustrait à vos rigueurs, et qui suis-je pourtant? Un citoyen-soleil quant à l'orgueil, un bouc de luxure, un pharaon dans la colère, un roi de paresse. Je n'ai tué personne? Pas encore sans doute! Mais n'ai-je pas laissé mourir de méritantes créatures? Peut-être. Et peut-être suis-je prêt à recommencer. Tandis que celui-ci, regardez-le, il ne recommencera pas. Il est encore tout étonné d'avoir si bien travaillé. » Ce discours troubla un peu mes jeunes confrères. Au bout d'un moment, ils prirent le parti d'en rire. Ils se rassurèrent tout à fait lorsque j'en vins à ma conclusion, où j'invoquais avec éloquence la personne humaine, et ses droits supposés. L'habitude, ce jour-là, fut la plus forte.

En renouvelant ces aimables incartades [61], je réussis seulement à désorienter un peu l'opinion. Non à la désarmer, ni surtout à me désarmer. L'étonnement que je rencontrais généralement chez mes auditeurs, leur gêne un peu réticente, assez semblable à celle que vous montrez – non, ne protestez pas – ne m'apportèrent aucun apaisement. Voyez-vous, il ne suffit pas de s'accuser pour s'innocenter, ou sinon je serais un pur agneau. Il faut s'accuser d'une certaine manière, qu'il m'a fallu beaucoup de temps pour mettre au point, et que je n'ai pas découverte avant de m'être trouvé dans l'abandon le plus complet. Jusque-là, le rire a continué de flotter autour de moi, sans que mes efforts désordonnés réussissent à lui ôter ce qu'il avait de bienveillant, de presque tendre, et qui me faisait mal.

Mais la mer monte, il me semble. Notre bateau ne va pas tarder à partir, le jour s'achève. Voyez, les colombes se rassemblent là-haut. Elles se pressent les unes contre les autres, elles remuent à peine, et la lumière

61. **incartades** : sallies.

baisse. Voulez-vous que nous nous taisions pour savou-
rer cette heure assez sinistre? Non, je vous intéresse?
Vous êtes bien honnête. Du reste, je risque maintenant
de vous intéresser vraiment. Avant de m'expliquer sur
les juges-pénitents, j'ai à vous parler de la débauche et
du malconfort [62].

62. the little ease : *a medieval cell in which the prisoner could not lie down, sit, or stand.*

Vous vous trompez, cher, le bateau file à bonne allure. Mais le Zuyderzee est une mer morte, ou presque. Avec ses bords plats, perdus dans la brume, on ne sait où elle commence, où elle finit. Alors, nous marchons sans aucun repère, nous ne pouvons évaluer notre vitesse. Nous avançons, et rien ne change. Ce n'est pas de la navigation, mais du rêve.

Dans l'archipel grec, j'avais l'impression contraire. Sans cesse, de nouvelles îles apparaissaient sur le cercle de l'horizon. Leur échine sans arbres traçait la limite du ciel, leur rivage rocheux tranchait nettement sur la mer. Aucune confusion; dans la lumière précise, tout était repère. Et d'une île à l'autre, sans trêve, sur notre petit bateau, qui se traînait pourtant, j'avais l'impression de bondir, nuit et jour, à la crête des courtes vagues fraîches, dans une course pleine d'écume et de rires. Depuis ce temps, la Grèce elle-même dérive [63] quelque part en moi, au bord de ma mémoire, inlassablement... Eh! là, je dérive, moi aussi, je deviens lyrique! Arrêtez-moi, cher, je vous en prie.

A propos, connaissez-vous la Grèce? Non? Tant

---

63. **dériver** : to drift.

mieux! Qu'y ferions-nous, je vous le demande? Il y
faut des cœurs purs. Savez-vous que, là-bas, les amis se
promènent dans la rue, deux par deux, en se tenant la
main. Oui, les femmes restent à la maison, et l'on voit
des hommes mûrs, respectables, ornés de moustaches,
arpenter gravement les trottoirs, leurs doigts mêlés à
ceux de l'ami. En Orient aussi, parfois? Soit. Mais
dites-moi, prendriez-vous ma main dans les rues de
Paris? Ah! je plaisante. Nous avons de la tenue, nous,
la crasse nous guinde [64]. Avant de nous présenter dans
les îles grecques, il faudrait nous laver longuement.
L'air y est chaste, la mer et la jouissance claires. Et
nous...

Asseyons-nous sur ces transatlantiques [65]. Quelle
brume! J'étais resté, je crois, sur le chemin du malconfort. Oui, je vous dirai de quoi il s'agit. Après m'être
débattu, après avoir épuisé mes grands airs insolents,
découragé par l'inutilité de mes efforts, je décidai de
quitter la société des hommes. Non, non, je n'ai pas
cherché d'île déserte, il n'y en a plus. Je me suis
réfugié seulement auprès des femmes. Vous le savez,
elles ne condamnent vraiment aucune faiblesse : elles
essaieraient plutôt d'humilier ou de désarmer nos
forces. C'est pourquoi la femme est la récompense, non
du guerrier, mais du criminel. Elle est son port, son
havre, c'est dans le lit de la femme qu'il est généralement arrêté. N'est-elle pas tout ce qui nous reste du
paradis terrestre? Désemparé, je courus à mon port
naturel. Mais je ne faisais plus de discours. Je jouais
encore un peu, par habitude; l'invention manquait
cependant. J'hésite à l'avouer, de peur de prononcer
encore quelques gros mots : il me semble bien qu'à
cette époque je ressentis le besoin d'un amour. Obscè-

64. **la crasse nous guinde** : we're unbendingly mean. Literally,
filth gives us a stiff backbone.
65. **transatlantiques** : deck-chairs.

ne, n'est-ce pas? J'éprouvais en tout cas une sourde souffrance, une sorte de privation qui me rendit plus vacant, et me permit, moitié forcé, moitié curieux, de prendre quelques engagements. Puisque j'avais besoin d'aimer et d'être aimé, je crus être amoureux. Autrement dit, je fis la bête.

Je me surprenais à poser souvent une question qu'en homme d'expérience j'avais toujours évitée jusque-là. Je m'entendais demander : « Tu m'aimes ? » Vous savez qu'il est d'usage de répondre en pareil cas : « Et toi ? » Si je répondais oui, je me trouvais engagé au-delà de mes vrais sentiments. Si j'osais dire non, je risquais de ne plus être aimé, et j'en souffrais. Plus le sentiment où j'avais espéré trouver le repos se trouvait alors menacé, et plus je le réclamais de ma partenaire. J'étais donc amené à des promesses de plus en plus explicites, j'en venais à exiger de mon cœur un sentiment de plus en plus vaste. Je me pris ainsi d'une fausse passion pour une charmante ahurie qui avait si bien lu la presse du cœur [66] qu'elle parlait de l'amour avec la sûreté et la conviction d'un intellectuel annonçant la société sans classes. Cette conviction, vous ne l'ignorez pas, est entraînante. Je m'essayai à parler aussi de l'amour et finis par me persuader moi-même. Jusqu'au moment du moins où elle devint ma maîtresse et où je compris que la presse du cœur, qui enseignait à parler de l'amour, n'apprenait pas à le faire. Après avoir aimé un perroquet, il me fallut coucher avec un serpent. Je cherchai donc ailleurs l'amour promis par les livres, et que je n'avais jamais rencontré dans la vie.

Mais je manquais d'entraînement. Il y avait plus de trente ans que je m'aimais exclusivement. Comment espérer perdre une telle habitude ? Je ne la perdis

66. *pulp magazines dealing with romance.*

point et restai un velléitaire de la passion. Je multipliai les promesses. Je contractai des amours simultanées, comme j'avais eu, en d'autres temps, des liaisons multiples. J'accumulai alors plus de malheurs, pour les autres, qu'au temps de ma belle indifférence. Vous ai-je dit que mon perroquet, désespéré, voulut se laisser mourir de faim? Heureusement, j'arrivai à temps et me résignai à lui tenir la main, jusqu'à ce qu'elle rencontrât, revenu d'un voyage à Bali, l'ingénieur aux tempes grises, que lui avait déjà décrit son hebdomadaire favori. En tout cas, loin de me trouver transporté et absous dans l'éternité, comme on dit, de la passion, j'ajoutai encore au poids de mes fautes et à mon égarement. J'en conçus une telle horreur de l'amour que, pendant des années, je ne pus entendre sans grincer des dents *La Vie en rose* ou *La Mort d'amour d'Yseult* [67]. J'essayai alors de renoncer aux femmes d'une certaine manière, et de vivre en état de chasteté. Après tout, leur amitié devait me suffire. Mais cela revenait à renoncer au jeu. Hors du désir, les femmes m'ennuyèrent au-delà de toute attente et, visiblement, je les ennuyais aussi. Plus de jeu, plus de théâtre, j'étais sans doute dans la vérité. Mais la vérité, cher ami, est assommante.

Désespérant de l'amour et de la chasteté, je m'avisai enfin qu'il restait la débauche qui remplace très bien l'amour, fait taire les rires, ramène le silence, et, surtout, confère l'immortalité. A un certain degré d'ivresse lucide, couché, tard dans la nuit, entre deux filles, et vidé de tout désir, l'espoir n'est plus une torture, voyez-vous, l'esprit règne sur tous les temps, la douleur de vivre est à jamais révolue. Dans un sens, j'avais toujours vécu dans la débauche, n'ayant

---

67. **La Vie en rose** : *a popular sentimental song;* **La Mort d'amour d'Yseult** : *The « Liebestod » – the great dramatic aria sung by Isolde as she follows Tristan to her death.*

jamais cessé de vouloir être immortel. N'était-ce pas le fond de ma nature, et aussi un effet du grand amour de moi-même dont je vous ai parlé? Oui, je mourais d'envie d'être immortel. Je m'aimais trop pour ne pas désirer que le précieux objet de mon amour ne disparût jamais. Comme, à l'état de veille, et pour peu qu'on se connaisse, on n'aperçoit pas de raisons valables pour que l'immortalité soit conférée à un singe salace, il faut bien se procurer des succédanés de cette immortalité. Parce que je désirais la vie éternelle, je couchais donc avec des putains et je buvais pendant des nuits. Le matin, bien sûr, j'avais dans la bouche le goût amer de la condition mortelle. Mais, pendant de longues heures, j'avais plané, bienheureux. Oserai-je vous l'avouer? Je me souviens encore avec tendresse de certaines nuits où j'allais, dans une boîte sordide, retrouver une danseuse à transformations [68] qui m'honorait de ses faveurs et pour la gloire de laquelle je me battis même, un soir, avec un barbillon vantard. Je paradais toutes les nuits au comptoir, dans la lumière rouge et la poussière de ce lieu de délices, mentant comme un arracheur de dents et buvant longuement. J'attendais l'aube, j'échouais enfin dans le lit toujours défait de ma princesse qui se livrait mécaniquement au plaisir, puis dormait sans transition. Le jour venait doucement éclairer ce désastre et je m'élevais, immobile, dans un matin de gloire.

L'alcool et les femmes m'ont fourni, avouons-le, le seul soulagement dont je fusse digne. Je vous livre ce secret, cher ami, ne craignez pas d'en user. Vous verrez alors que la vraie débauche est libératrice parce qu'elle ne crée aucune obligation. On n'y possède que soi-même, elle reste donc l'occupation préférée des

68. **danseuse à transformations** : a quick-change dancer.

grands amoureux de leur propre personne. Elle est une jungle, sans avenir ni passé, sans promesse surtout, ni sanction immédiate. Les lieux où elle s'exerce sont séparés du monde. On laisse en y entrant la crainte comme l'espérance [69]. La conversation n'y est pas obligatoire; ce qu'on vient y chercher peut s'obtenir sans paroles, et souvent même, oui, sans argent. Ah! laissez-moi, je vous prie, rendre un hommage particulier aux femmes inconnues et oubliées qui m'ont aidé alors. Aujourd'hui encore, il se mêle au souvenir que j'ai gardé d'elles quelque chose qui ressemble à du respect.

J'usai en tout cas sans retenue de cette libération. On me vit même dans un hôtel, voué à ce qu'on appelle le péché, vivre à la fois avec une prostituée mûre et une jeune fille du meilleur monde. Je jouai les chevaliers servants avec la première et mis la seconde à même de connaître quelques réalités. Malheureusement la prostituée avait une nature fort bourgeoise : elle a consenti depuis à écrire ses souvenirs pour un journal confessionnel [70] très ouvert aux idées modernes. La jeune fille, de son côté, s'est mariée pour satisfaire ses instincts débridés et donner un emploi à des dons remarquables. Je ne suis pas peu fier non plus d'avoir été accueilli comme un égal, à cette époque, par une corporation masculine trop souvent calomniée. Je glisserai là-dessus : vous savez que même des gens très intelligents tirent gloire de pouvoir vider une bouteille de plus que le voisin. J'aurais pu enfin trouver la paix et la délivrance dans cette heureuse dissipation. Mais, là encore, je rencontrai un obstacle en moi-même. Ce fut mon foie, pour le coup, et une fatigue si terrible

---

69. *Reference to Dante's* Inferno, III, 9. *The inscription to the* Inferno *reads « Abandon all hope ye who enter ».*
70. **confessionnel** : religious.

qu'elle ne m'a pas encore quitté. On joue à être immortel et, au bout de quelques semaines, on ne sait même plus si l'on pourra se traîner jusqu'au lendemain.

Le seul bénéfice de cette expérience, quand j'eus renoncé à mes exploits nocturnes, fut que la vie me devint moins douloureuse. La fatigue qui rongeait mon corps avait érodé en même temps beaucoup de points vifs en moi. Chaque excès diminue la vitalité, donc la souffrance. La débauche n'a rien de frénétique, contrairement à ce qu'on croit. Elle n'est qu'un long sommeil. Vous avez dû le remarquer, les hommes qui souffrent vraiment de jalousie n'ont rien de plus pressé que de coucher avec celle dont ils pensent pourtant qu'elle les a trahis. Bien sûr, ils veulent s'assurer une fois de plus que leur cher trésor leur appartient toujours. Ils veulent le posséder, comme on dit. Mais c'est aussi que, tout de suite après, ils sont moins jaloux. La jalousie physique est un effet de l'imagination en même temps qu'un jugement qu'on porte sur soi-même. On prête au rival les vilaines pensées qu'on a eues dans les mêmes circonstances. Heureusement, l'excès de la jouissance débilite l'imagination comme le jugement. La souffrance dort alors avec la virilité, et aussi longtemps qu'elle. Pour les mêmes raisons, les adolescents perdent avec leur première maîtresse l'inquiétude métaphysique et certains mariages, qui sont des débauches bureaucratisées, deviennent en même temps les monotones corbillards de l'audace et de l'invention. Oui, cher ami, le mariage bourgeois a mis notre pays en pantoufles, et bientôt aux portes de la mort.

J'exagère? Non, mais je m'égare. Je voulais seulement vous dire l'avantage que je tirai de ces mois d'orgie. Je vivais dans une sorte de brouillard où le rire se faisait assourdi, au point que je finissais par ne plus le percevoir. L'indifférence qui occupait déjà tant de place en moi ne trouvait plus de résistance et étendait sa sclérose. Plus d'émotions! Une humeur égale, ou plutôt pas d'humeur du tout. Les poumons tuberculeux guérissent en se desséchant et asphyxient peu à peu leur heureux propriétaire. Ainsi de moi qui mourais paisiblement de ma guérison. Je vivais encore de mon métier, quoique ma réputation fût bien entamée par mes écarts de langage, l'exercice régulier de ma profession compromis par le désordre de ma vie. Il est intéressant de noter pourtant qu'on me fit moins grief de mes excès nocturnes que de mes provocations de langage. La référence, purement verbale, que parfois je faisais à Dieu dans mes plaidoiries, donnait de la méfiance à mes clients. Ils craignaient sans doute que le ciel ne pût prendre en main leurs intérêts aussi bien qu'un avocat imbattable sur le Code. De là à conclure que j'invoquais la divinité dans la mesure de mes ignorances, il n'y avait qu'un pas. Mes clients firent ce pas et se raréfièrent. De loin en loin, je plaidais encore. Parfois même, oubliant que je ne croyais plus à ce que je disais, je plaidais bien. Ma propre voix m'entraînait, je la suivais; sans vraiment planer, comme autrefois, je m'élevais un peu au-dessus du sol, je faisais du rase-mottes[71]. Hors de mon métier enfin, je voyais peu de monde, entretenais la survie pénible d'une ou deux liaisons fatiguées. Il m'arrivait même de passer des soirées de pure amitié, sans que le désir s'y mêlât, à cette différence près que, résigné à l'ennui, j'écoutais à peine ce qu'on me disait. Je grossissais un peu et je pus croire enfin que la crise était terminée. Il ne s'agissait plus que de vieillir.

Un jour pourtant, au cours d'un voyage que j'offris à une amie, sans lui dire que je le faisais pour fêter ma

71. **du rase-mottes :** hedge-hopping.

guérison, je me trouvais à bord d'un transatlantique [72], sur le pont supérieur, naturellement. Soudain, j'aperçus au large un point noir sur l'Océan couleur de fer. Je détournai les yeux aussitôt, mon cœur se mit à battre. Quand je me forçai à regarder, le point noir avait disparu. J'allais crier, appeler stupidement à l'aide, quand je le revis. Il s'agissait d'un de ces débris que les navires laissent derrière eux. Pourtant, je n'avais pu supporter de le regarder, j'avais tout de suite pensé à un noyé. Je compris alors, sans révolte, comme on se résigne à une idée dont on connaît depuis longtemps la vérité, que ce cri qui, des années auparavant, avait retenti sur la Seine, derrière moi, n'avait pas cessé, porté par le fleuve vers les eaux de la Manche, de cheminer dans le monde, à travers l'étendue illimitée de l'Océan, et qu'il m'y avait attendu jusqu'à ce jour où je l'avais rencontré. Je compris aussi qu'il continuerait de m'attendre sur les mers et les fleuves, partout enfin où se trouverait l'eau amère de mon baptême. Ici encore, dites-moi, ne sommes-nous pas sur l'eau? Sur l'eau plate, monotone, interminable, qui confond ses limites à celles de la terre? Comment croire que nous allons arriver à Amsterdam? Nous ne sortirons jamais de ce bénitier [73] immense. Écoutez! N'entendez-vous pas les cris de goélands invisibles? S'ils crient vers nous, à quoi donc nous appellent-ils?

Mais ce sont les mêmes qui criaient, qui appelaient déjà sur l'Atlantique, le jour où je compris définitivement que je n'étais pas guéri, que j'étais toujours coincé, et qu'il fallait m'en arranger. Fini la vie glorieuse, mais fini aussi la rage et les soubresauts. Il fallait se soumettre et reconnaître sa culpabilité.

72. **un transatlantique** : an ocean liner.
73. **bénitier** : holy-water fount.

Il fallait vivre dans le malconfort. C'est vrai, vous ne connaissez pas cette cellule de basse-fosse qu'au Moyen Age on appelait le malconfort. En général, on vous y oubliait pour la vie. Cette cellule se distinguait des autres par d'ingénieuses dimensions. Elle n'était pas assez haute pour qu'on s'y tînt debout, mais pas assez large pour qu'on pût s'y coucher. Il fallait prendre le genre empêché, vivre en diagonale; le sommeil était une chute, la veille un accroupissement. Mon cher, il y avait du génie, et je pèse mes mots, dans cette trouvaille si simple. Tous les jours, par l'immuable contrainte qui ankylosait son corps, le condamné apprenait qu'il était coupable et que l'innocence consiste à s'étirer joyeusement. Pouvez-vous imaginer dans cette cellule un habitué des cimes et des ponts supérieurs? Quoi? On pouvait vivre dans ces cellules et être innocent? Improbable, hautement improbable! Ou sinon mon raisonnement se casserait le nez. Que l'innocence en soit réduite à vivre bossue, je me refuse à considérer une seule seconde cette hypothèse. Du reste, nous ne pouvons affirmer l'innocence de personne, tandis que nous pouvons affirmer à coup sûr la culpabilité de tous. Chaque homme témoigne du crime de tous les autres, voilà ma foi et mon espérance.

Croyez-moi, les religions se trompent dès l'instant qu'elles font de la morale et qu'elles fulminent des commandements. Dieu n'est pas nécessaire pour créer la culpabilité, ni punir. Nos semblables y suffisent, aidés par nous-mêmes. Vous parliez du Jugement dernier. Permettez-moi d'en rire respectueusement. Je l'attends de pied ferme : j'ai connu ce qu'il y a de pire, qui est le jugement des hommes. Pour eux, pas de circonstances atténuantes, même la bonne intention est imputée à crime. Avez-vous au moins entendu parler de la cellule des crachats [74] qu'un peuple imagina récemment pour prouver qu'il était le plus grand de la terre [75]? Une boîte maçonnée où le prisonnier se tient debout, mais ne peut pas bouger. La solide porte qui le boucle dans sa coquille de ciment s'arrête à hauteur de menton. On ne voit donc que son visage sur lequel chaque gardien qui passe crache abondamment. Le prisonnier, coincé dans la cellule, ne peut s'essuyer, bien qu'il lui soit permis, il est vrai, de fermer les yeux. Eh bien, ça, mon cher, c'est une invention d'hommes. Ils n'ont pas eu besoin de Dieu pour ce petit chef-d'œuvre.

Alors? Alors, la seule utilité de Dieu serait de garantir l'innocence et je verrais plutôt la religion comme une grande entreprise de blanchissage, ce qu'elle a été d'ailleurs, mais brièvement, pendant trois ans tout juste, et elle ne s'appelait pas religion. Depuis, le savon manque, nous avons le nez sale et nous nous mouchons mutuellement. Tous cancres, tous punis, crachons-nous dessus, et hop! au malconfort! C'est à qui crachera le premier, voilà tout. Je vais vous dire un grand secret, mon cher. N'attendez pas le Jugement dernier. Il a lieu tous les jours.

Non, ce n'est rien, je frissonne un peu dans cette sacrée humidité. Nous sommes arrivés d'ailleurs. Voilà. Après vous. Mais restez encore, je vous prie, et accompagnez-moi. Je n'en ai pas fini, il faut continuer. Continuer, voilà ce qui est difficile. Tenez, savez-vous pourquoi on l'a crucifié, l'autre, celui auquel vous pensez en ce moment, peut-être? Bon, il y avait des quantités de raisons à cela. Il y a toujours des raisons au meurtre d'un homme. Il est, au contraire, impossible de justifier qu'il vive. C'est pourquoi le crime

74. **la cellule des crachats**: the spitting cell.
75. *Allusion to Nazi concentration camp tortures.*

trouve toujours des avocats et l'innocence, parfois seulement. Mais, à côté des raisons qu'on nous a très bien expliquées pendant deux mille ans, il y en avait une grande à cette affreuse agonie, et je ne sais pourquoi on la cache si soigneusement. La vraie raison est qu'il savait, lui, qu'il n'était pas tout à fait innocent. S'il ne portait pas le poids de la faute dont on l'accusait, il en avait commis d'autres, quand même il ignorait lesquelles. Les ignorait-il d'ailleurs? Il était à la source, après tout; il avait dû entendre parler d'un certain massacre des innocents. Les enfants de la Judée [76] massacrés pendant que ses parents l'emmenaient en lieu sûr, pourquoi étaient-ils morts sinon à cause de lui? Il ne l'avait pas voulu bien sûr. Ces soldats sanglants, ces enfants coupés en deux lui faisaient horreur. Mais, tel qu'il était, je suis sûr qu'il ne pouvait les oublier. Et cette tristesse qu'on devine dans tous ses actes, n'était-ce pas la mélancolie inguérissable de celui qui entendait au long des nuits la voix de Rachel, gémissant sur ses petits et refusant toute consolation? La plainte s'élevait dans la nuit, Rachel appelait ses enfants tués pour lui, et il était vivant!

Sachant ce qu'il savait, connaissant tout de l'homme – ah! qui aurait cru que le crime n'est pas tant de faire mourir que de ne pas mourir soi-même! – confronté jour et nuit à son crime innocent, il devenait trop difficile pour lui de se maintenir et de continuer. Il valait mieux en finir, ne pas se défendre, mourir, pour ne plus être seul à vivre et pour aller ailleurs, là où, peut-être, il serait soutenu. Il n'a pas été soutenu, il s'en est plaint et, pour tout achever, on l'a censuré.

76. *Herod ordered the children of Judea to be slaughtered in the hope that the new-born child Jesus announced as the Messiah, the future king of the Jews, would be among them. In the meantime, Mary, Joseph, and the child made their way into Egypt.*

Oui, c'est le troisième évangéliste [77], je crois, qui a commencé de supprimer sa plainte. « Pourquoi m'as-tu abandonné? » c'était un cri séditieux, n'est-ce pas? Alors, les ciseaux! Notez d'ailleurs que si Luc n'avait rien supprimé, on aurait à peine remarqué la chose; elle n'aurait pas pris tant de place, en tout cas. Ainsi, le censeur crie ce qu'il proscrit. L'ordre du monde aussi est ambigu.

Il n'empêche que le censuré [78], lui, n'a pu continuer. Et je sais, cher, ce dont je parle. Il fut un temps où j'ignorais, à chaque minute, comment je pourrais atteindre la suivante. Oui, on peut faire la guerre en ce monde, singer l'amour, torturer son semblable, parader dans les journaux, ou simplement dire du mal de son voisin en tricotant. Mais, dans certains cas, continuer, seulement continuer, voilà ce qui est surhumain. Et lui n'était pas surhumain, vous pouvez m'en croire. Il a crié son agonie et c'est pourquoi je l'aime, mon ami, qui est mort sans savoir.

Le malheur est qu'il nous a laissés seuls pour continuer, quoi qu'il arrive, même lorsque nous nichons dans le malconfort, sachant à notre tour ce qu'il savait, mais incapables de faire ce qu'il a fait et de mourir comme lui. On a bien essayé, naturellement, de s'aider un peu de sa mort. Après tout, c'était un coup de génie de nous dire : « Vous n'êtes pas reluisants, bon, c'est un fait. Eh bien, on ne va pas faire le détail! On va liquider ça d'un coup, sur la croix! » Mais trop de gens grimpent maintenant sur la croix seulement pour qu'on les voie de plus loin, même s'il faut pour cela piétiner un peu celui qui s'y trouve depuis si longtemps. Trop de gens ont décidé de se passer de la générosité pour pratiquer

77. *Gospel according to Luke.*
78. **le censuré :** he who was censored : *i.e.* Christ.

la charité. O l'injustice, l'injustice qu'on lui a faite et qui me serre le cœur!

Allons, voilà que ça me reprend, je vais plaider. Pardonnez-moi, comprenez que j'ai mes raisons. Tenez, à quelques rues d'ici, il y a un musée qui s'appelle « Notre-Seigneur au grenier ». A l'époque, ils avaient placé leurs catacombes sous les combles [79]. Que voulez-vous, les caves, ici, sont inondées. Mais aujourd'hui rassurez-vous, leur Seigneur n'est plus ni au grenier, ni à la cave. Ils l'ont juché sur un tribunal, au secret de leur cœur, et ils cognent, ils jugent surtout, ils jugent en son nom. Il parlait doucement à la pécheresse : « Moi non plus, je ne te condamne pas »; ça n'empêche rien, ils condamnent, ils n'absolvent personne. Au nom du Seigneur, voilà ton compte. Seigneur? Il n'en demandait pas tant, mon ami. Il voulait qu'on l'aime, rien de plus. Bien sûr, il y a des gens qui l'aiment, même parmi les chrétiens. Mais on les compte. Il avait prévu ça d'ailleurs, il avait le sens de l'humour. Pierre, vous savez, le froussard, Pierre, donc, le renie : « Je ne connais pas cet homme... Je ne sais pas ce que tu veux dire... etc. » Vraiment, il exagérait! Et lui fait un jeu de mots : « Sur cette pierre, je bâtirai mon église. » On ne pouvait pas pousser plus loin l'ironie, vous ne trouvez pas? Mais non, ils triomphent encore! « Vous voyez, il l'avait dit! » Il l'avait dit en effet, il connaissait bien la question. Et puis il est parti pour toujours, les laissant juger et condamner, le pardon à la bouche et la sentence au cœur.

Car on ne peut pas dire qu'il n'y a plus de pitié, non, grands dieux, nous n'arrêtons pas d'en parler. Simplement, on n'acquitte plus personne. Sur l'innocence

79. **ils**: (*the Christians*). « **Notre Seigneur au grenier** »: Our Lord in the Attic; « They had put their catacombs under the roof » (*O'Brien*).

morte, les juges pullulent, les juges de toutes les races, ceux du Christ et ceux de l'Antéchrist[80], qui sont d'ailleurs les mêmes, réconciliés dans le malconfort. Car il ne faut pas accabler les seuls chrétiens. Les autres aussi sont dans le coup. Savez-vous ce qu'est devenue, dans cette ville, l'une des maisons qui abrita Descartes[81]? Un asile d'aliénés. Oui, c'est le délire général, et la persécution. Nous aussi, naturellement, nous sommes forcés de nous y mettre. Vous avez pu vous apercevoir que je n'épargne rien, et, de votre côté, je sais que vous n'en pensez pas moins. Dès lors, puisque nous sommes tous juges, nous sommes tous coupables les uns devant les autres, tous christs à notre vilaine manière, un à un crucifiés, et toujours sans savoir. Nous le serions du moins, si moi, Clamence, je n'avais trouvé l'issue, la seule solution, la vérité enfin...

Non, je m'arrête, cher ami, ne craignez rien! Je vais d'ailleurs vous quitter, nous voici à ma porte. Dans la solitude, la fatigue aidant, que voulez-vous, on se prend volontiers pour un prophète. Après tout, c'est bien là ce que je suis, réfugié dans un désert de pierres, de brumes et d'eaux pourries, prophète vide pour temps médiocres, Elie[82] sans messie, bourré de fièvre et d'alcool, le dos collé à cette porte moisie, le doigt levé vers un ciel bas, couvrant d'imprécations des hommes sans loi qui ne peuvent supporter aucun jugement. Car ils ne peuvent le supporter, très cher, et

80. The Antichrist : *allusion to the belief among certain sects that a man incarnating the powers of evil would appear on earth and attempt to destroy the Christian faith. The Second Coming of Christ would assure his defeat (see* Revelations 13).

81. *The French philosopher Descartes lived in Amsterdam from 1628 to 1649. His aim was to establish the methods and processes of thought that would lead to men's knowledge of the absolute truth concerning the universe.*

82. *The prophet Eli was high priest and judge in Israel and the teacher of Samuel.*

c'est toute la question. Celui qui adhère à une loi ne craint pas le jugement qui le replace dans un ordre auquel il croit. Mais le plus haut des tourments humains est d'être jugé sans loi. Nous sommes pourtant dans ce tourment. Privés de leur frein naturel, les juges, déchaînés au hasard, mettent les bouchées doubles. Alors, n'est-ce pas, il faut bien essayer d'aller plus vite qu'eux? Et c'est le grand branle-bas. Les prophètes et les guérisseurs se multiplient, ils se dépêchent pour arriver avec une bonne loi, ou une organisation impeccable, avant que la terre ne soit déserte. Heureusement, je suis arrivé, moi! Je suis la fin et le commencement, j'annonce la loi. Bref, je suis juge-pénitent.

Oui, oui, je vous dirai demain en quoi consiste ce beau métier. Vous partez après-demain, nous sommes donc pressés. Venez chez moi, voulez-vous, vous sonnerez trois fois. Vous retournerez à Paris? Paris est loin, Paris est beau, je ne l'ai pas oublié. Je me souviens de ses crépuscules, à la même époque, à peu près. Le soir tombe, sec et crissant, sur les toits bleus de fumée, la ville gronde sourdement, le fleuve semble remonter son cours. J'errais alors dans les rues. Ils errent aussi, maintenant, je le sais! Ils errent, faisant semblant de se hâter vers la femme lasse, la maison sévère... Ah! mon ami, savez-vous ce qu'est la créature solitaire, errant dans les grandes villes?...

Je suis confus de vous recevoir couché. Ce n'est rien, un peu de fièvre que je soigne au genièvre. J'ai l'habitude de ces accès. Du paludisme, je crois, que j'ai contracté du temps que j'étais pape. Non, je ne plaisante qu'à moitié. Je sais ce que vous pensez : il est bien difficile de démêler le vrai du faux dans ce que je raconte. Je confesse que vous avez raison. Moi-même... Voyez-vous, une personne de mon entourage divisait les êtres en trois catégories : ceux qui préfèrent n'avoir rien à cacher plutôt que d'être obligés de mentir, ceux qui préfèrent mentir plutôt que de n'avoir rien à cacher, et ceux enfin qui aiment en même temps le mensonge et le secret. Je vous laisse choisir la case qui me convient le mieux.

Qu'importe après tout? Les mensonges ne mettent-ils pas finalement sur la voie de la vérité? Et mes histoires, vraies ou fausses, ne tendent-elles pas toutes à la même fin, n'ont-elles pas le même sens? Alors, qu'importe qu'elles soient vraies ou fausses si, dans les deux cas, elles sont significatives de ce que j'ai été et de ce que je suis. On voit parfois plus clair dans celui qui ment que dans celui qui dit vrai. La vérité, comme la lumière, aveugle. Le mensonge, au contraire, est un beau crépuscule, qui met chaque objet en valeur.

Enfin, prenez-le comme vous voudrez, mais j'ai été nommé pape dans un camp de prisonniers.

Asseyez-vous, je vous prie. Vous regardez cette pièce. Nue, c'est vrai, mais propre. Un Vermeer [83], sans meubles ni casseroles. Sans livres, non plus, j'ai cessé de lire depuis longtemps. Autrefois, ma maison était pleine de livres à moitié lus. C'est aussi dégoûtant que ces gens qui écornent un foie gras et font jeter le reste. D'ailleurs, je n'aime plus que les confessions, et les auteurs de confession écrivent surtout pour ne pas se confesser, pour ne rien dire de ce qu'ils savent. Quand ils prétendent passer aux aveux, c'est le moment de se méfier, on va maquiller le cadavre. Croyez-moi, je suis orfèvre. Alors, j'ai coupé court. Plus de livres, plus de vains objets non plus, le strict nécessaire, net et verni comme un cercueil. D'ailleurs, ces lits hollandais, si durs, avec des draps immaculés, on y meurt dans un linceul déjà, embaumés de pureté.

Vous êtes curieux de connaître mes aventures pontificales? Rien que de banal, vous savez. Aurai-je la force de vous en parler? Oui, il me semble que la fièvre diminue. Il y a si longtemps de cela. C'était en Afrique où, grâce à M. Rommel [84], la guerre flambait. Je n'y étais pas mêlé, non, rassurez-vous. J'avais déjà coupé à celle d'Europe. Mobilisé bien sûr, mais je n'ai jamais vu le feu. Dans un sens, je le regrette. Peut-être cela aurait-il changé beaucoup de choses? L'armée française n'a pas eu besoin de moi sur le front. Elle m'a seulement demandé de participer à la retraite. J'ai retrouvé Paris ensuite, et les Allemands. J'ai été tenté

---

83. **Vermeer**: *17th century Dutch painter mostly of luminous, uncluttered interiors.*

84. *Marshal Rommel led the German Afrika Korps in a brilliant military drive (1941-1942). This offensive was stopped at El Alamein. Rommel subsequently was implicated in the unsuccessful 1944 plot against Hitler and was obliged to poison himself.*

par la Résistance dont on commençait à parler, à peu près au moment où j'ai découvert que j'étais patriote. Vous souriez? Vous avez tort. Je fis ma découverte dans les couloirs du métro, au Châtelet. Un chien s'était égaré dans le labyrinthe. Grand, le poil raide, une oreille cassée, les yeux amusés, il gambadait, flairait les mollets qui passaient. J'aime les chiens d'une très vieille et très fidèle tendresse. Je les aime parce qu'ils pardonnent toujours. J'appelai celui-ci qui hésita, visiblement conquis, l'arrière-train [85] enthousiaste, à quelques mètres devant moi. A ce moment, un jeune soldat allemand qui marchait allègrement me dépassa. Arrivé devant le chien, il lui caressa la tête. Sans hésiter, l'animal lui emboîta le pas, avec le même enthousiasme, et disparut avec lui. Au dépit, et à la sorte de fureur que je sentis contre le soldat allemand, il me fallut bien reconnaître que ma réaction était patriotique. Si le chien avait suivi un civil français, je n'y aurais même pas pensé. J'imaginais au contraire ce sympathique animal devenu mascotte d'un régiment allemand et cela me mettait en fureur. Le test était donc convaincant.

Je gagnai la zone Sud [86] avec l'intention de me renseigner sur la Résistance. Mais une fois rendu, et renseigné, j'hésitai. L'entreprise me paraissait un peu folle et, pour tout dire, romantique. Je crois surtout que l'action souterraine ne convenait ni à mon tempérament, ni à mon goût des sommets aérés. Il me semblait qu'on me demandait de faire de la tapisserie dans une cave, à longueur de jours et de nuits, en

---

85. l'arrière-train : hindquarters of a dog (*wagging his tail*).
86. *After the French defeat in 1940, France was divided into two zones : the North, under German control; the South, with Vichy as capital, under French authority. Resistance groups refused to accept the 1940 Armistice and carried on clandestine operations against the German occupants.*

attendant que des brutes viennent m'y débusquer, défaire d'abord ma tapisserie et me traîner ensuite dans une autre cave pour m'y frapper jusqu'à la mort. J'admirais ceux qui se livraient à cet héroïsme des profondeurs, mais ne pouvais les imiter.

Je passai donc en Afrique du Nord avec la vague intention de rejoindre Londres. Mais, en Afrique, la situation n'était pas claire, les partis opposés me paraissaient avoir également raison et je m'abstins. Je vois à votre air que je passe bien vite, selon vous, sur ces détails qui ont du sens. Eh bien, disons que, vous ayant jugé sur votre vraie valeur, je les passe vite pour que vous les remarquiez mieux. Toujours est-il que je gagnai finalement la Tunisie où une tendre amie m'assurait du travail. Cette amie était une créature fort intelligente qui s'occupait de cinéma. Je la suivis à Tunis et je ne connus son vrai métier que les jours qui suivirent le débarquement des Alliés en Algérie [87]. Elle fut arrêtée ce jour-là par les Allemands et moi aussi, mais sans l'avoir voulu. Je ne sais ce qu'elle devint. Quant à moi, on ne me fit aucun mal et je compris, après de fortes angoisses, qu'il s'agissait surtout d'une mesure de sûreté. Je fus interné près de Tripoli [88], dans un camp où l'on souffrait de soif et de dénuement plus que de mauvais traitements. Je ne vous en fais pas la description. Nous autres, enfants du demi-siècle, n'avons pas besoin de dessin pour imaginer ces sortes d'endroits. Il y a cent cinquante ans, on s'attendrissait sur les lacs et les forêts. Aujourd'hui, nous avons le lyrisme cellulaire. Donc, je vous fais confiance. Vous n'ajouterez que quelques détails : la chaleur, le soleil vertical, les mouches, le sable, l'absence d'eau.

87. *October, 1942.*
88. **Tripoli** : *capital of Libya. This is the beginning of Clamence's confession of his ultimate betrayal of a sacred trust.*

Il y avait avec moi un jeune Français, qui avait la foi. Oui! c'est un conte de fées, décidément. Le genre Duguesclin [89], si vous voulez. Il était passé de France en Espagne pour aller se battre. Le général catholique [90] l'avait interné et d'avoir vu que, dans les camps franquistes, les pois chiches étaient, si j'ose dire, bénis par Rome, l'avait jeté dans une profonde tristesse. Ni le ciel d'Afrique, où il avait échoué ensuite, ni les loisirs du camp ne l'avaient tiré de cette tristesse. Mais ses réflexions, et aussi le soleil, l'avaient un peu sorti de son état normal. Un jour où, sous une tente ruisselante de plomb fondu, la dizaine d'hommes que nous étions haletaient parmi les mouches, il renouvela ses diatribes contre celui qu'il appelait le Romain [91]. Il nous regardait d'un air égaré, avec sa barbe de plusieurs jours. Son torse nu était couvert de sueur, ses mains pianotaient sur le clavier visible des côtes. Il nous déclarait qu'il fallait un nouveau pape qui vécût parmi les malheureux, au lieu de prier sur un trône, et que le plus vite serait le mieux. Il nous fixait de ses yeux égarés en secouant la tête. « Oui, répétait-il, le plus vite possible! » Puis il se calma d'un coup et, d'une voix morne, dit qu'il fallait le choisir parmi nous, prendre un homme complet, avec ses défauts et ses vertus, et lui jurer obéissance, à la seule condition qu'il acceptât de maintenir vivante, en lui et chez les autres, la communauté de nos souffrances.

« Qui d'entre nous, dit-il, a le plus de faiblesse? » Par plaisanterie, je levai le doigt, et fus le seul à le faire. « Bien, Jean-Baptiste fera l'affaire. » Non, il ne dit pas cela puisque j'avais alors un autre nom. Il déclara du

89. **Du Guesclin** *was one of the military heroes of the 14th century whose campaigns greatly contributed to the final withdrawal of the English forces in France.*
90. *General Franco.*
91. *The Pope.*

moins que se désigner comme je l'avais fait supposait aussi la plus grande vertu et proposa de m'élire. Les autres acquiescèrent, par jeu, avec, cependant, une trace de gravité. La vérité est que Dieuesclin nous avait impressionnés. Moi-même, il me semble bien que je ne riais pas tout à fait. Je trouvai d'abord que mon petit prophète avait raison et puis le soleil, les travaux épuisants, la bataille pour l'eau, bref, nous n'étions pas dans notre assiette [92]. Toujours est-il que j'exerçai mon pontificat pendant plusieurs semaines, de plus en plus sérieusement.

En quoi consistait-il ? Ma foi, j'étais quelque chose comme chef de groupe ou secrétaire de cellule. Les autres, de toute manière, et même ceux qui n'avaient pas la foi, prirent l'habitude de m'obéir. Duguesclin souffrait ; j'administrais sa souffrance. Je me suis aperçu alors qu'il n'était pas si facile qu'on le croyait d'être pape et je m'en suis encore souvenu, hier, après vous avoir fait tant de discours dédaigneux sur les juges, nos frères. Le grand problème, dans le camp, était la distribution d'eau. D'autres groupes s'étaient formés, politiques et confessionnels, et chacun favorisait ses camarades. Je fus donc amené à favoriser les miens, ce qui était déjà une petite concession. Même parmi nous, je ne pus maintenir une parfaite égalité. Selon l'état de mes camarades, ou les travaux qu'ils avaient à faire, j'avantageais tel ou tel. Ces distinctions mènent loin, vous pouvez m'en croire. Mais, décidément, je suis fatigué et n'ai plus envie de penser à cette époque. Disons que j'ai bouclé la boucle le jour où j'ai bu l'eau d'un camarade agonisant. Non, non, ce n'était pas Duguesclin, il était mort, je crois, il se privait trop. Et puis, s'il avait été là, pour l'amour de lui, j'aurais

___

92. **ne pas être dans son assiette** (*idiom*) : to be out of sorts; without stability. « We were not up to snuff » (*O'Brien*).

résisté plus longtemps, car je l'aimais, oui, je l'aimais, il me semble du moins. Mais j'ai bu l'eau, cela est sûr, en me persuadant que les autres avaient besoin de moi, plus que de celui-ci qui allait mourir de toute façon, et je devais me conserver à eux. C'est ainsi, cher, que naissent les empires et les églises, sous le soleil de la mort. Et pour corriger un peu mes discours d'hier, je vais vous dire la grande idée qui m'est venue en parlant de tout ceci dont je ne sais même plus si je l'ai vécu ou rêvé. Ma grande idée est qu'il faut pardonner au pape. D'abord, il en a plus besoin que personne. Ensuite, c'est la seule manière de se mettre au-dessus de lui...

Oh! avez-vous bien fermé la porte? Oui? Vérifiez, s'il vous plaît. Pardonnez-moi, j'ai le complexe du verrou. Au moment de m'endormir, je ne puis jamais savoir si j'ai poussé le verrou. Chaque soir, je dois me lever pour le vérifier. On n'est sûr de rien, je vous l'ai dit. Ne croyez pas que cette inquiétude du verrou soit chez moi une réaction de propriétaire apeuré. Autrefois, je ne fermais pas mon appartement à clé, ni ma voiture. Je ne serrais pas mon argent, je ne tenais pas à ce que je possédais. A vrai dire, j'avais un peu honte de posséder. Ne m'arrivait-il pas, dans les discours mondains, de m'écrier avec conviction : « La propriété, messieurs, c'est le meurtre! » N'ayant pas le cœur assez grand pour partager mes richesses avec un pauvre bien méritant, je les laissais à la disposition des voleurs éventuels, espérant ainsi corriger l'injustice par le hasard. Aujourd'hui, du reste, je ne possède rien. Je ne m'inquiète donc pas de ma sécurité, mais de moi-même et de ma présence d'esprit. Je tiens aussi à condamner la porte [93] du petit univers bien clos dont je suis le roi, le pape et le juge.

93. **condamner la porte** : to block or board up the door.

A propos, voulez-vous ouvrir ce placard, s'il vous plaît. Ce tableau oui, regardez-le. Ne le reconnaissez-vous pas? Ce sont *Les Juges intègres* [94]. Vous ne sursautez pas? Votre culture aurait donc des trous? Si vous lisiez pourtant les journaux, vous vous rappelleriez le vol, en 1934, à Gand, dans la cathédrale Saint-Bavon, d'un des panneaux du fameux retable de Van Eyck, *L'Agneau mystique*. Ce panneau s'appelait *Les Juges intègres*. Il représentait des juges à cheval venant adorer le saint animal. On l'a remplacé par une excellente copie, car l'original est demeuré introuvable. Eh bien, le voici. Non, je n'y suis pour rien. Un habitué de *Mexico-City*, que vous avez aperçu l'autre soir, l'a vendu pour une bouteille au gorille, un soir d'ivresse. J'ai d'abord conseillé à notre ami de l'accrocher en bonne place et longtemps, pendant qu'on les recherchait dans le monde entier, nos juges dévots ont trôné à *Mexico-City*, au-dessus des ivrognes et des souteneurs. Puis le gorille, sur ma demande, l'a mis en dépôt ici. Il rechignait un peu à le faire, mais il a pris peur quand je lui ai expliqué l'affaire. Depuis, ces estimables magistrats font ma seule compagnie. Là-bas, au-dessus du comptoir, vous avez vu quel vide ils ont laissé.

Pourquoi je n'ai pas restitué le panneau? Ah! ah! vous avez le réflexe policier, vous! Eh bien, je vous répondrai comme je le ferais au magistrat instructeur, si seulement quelqu'un pouvait enfin s'aviser que ce tableau a échoué dans ma chambre. Premièrement, parce qu'il n'est pas à moi, mais au patron de *Mexico-City* qui le mérite bien autant que l'évêque de Gand. Deuxièmement, parce que parmi ceux qui défilent devant *L'Agneau mystique*, personne ne saurait distin-

94. *See the Introduction : this is the climax of Clamence's confession, the revelation of his real purpose. It sums up his « gospel ».*

guer la copie de l'original et qu'en conséquence nul, par ma faute, n'est lésé. Troisièmement, parce que, de cette manière, je domine. De faux juges sont proposés à l'admiration du monde et je suis seul à connaître les vrais. Quatrièmement, parce que j'ai une chance, ainsi, d'être envoyé en prison, idée alléchante [95], d'une certaine manière. Cinquièmement, parce que ces juges vont au rendez-vous de l'Agneau, qu'il n'y a plus d'agneau, ni d'innocence, et qu'en conséquence, l'habile forban qui a volé le panneau était un instrument de la justice inconnue qu'il convient de ne pas contrarier. Enfin, parce que, de cette façon, nous sommes dans l'ordre. La justice étant définitivement séparée de l'innocence, celle-ci sur la croix, celle-là au placard, j'ai le champ libre pour travailler selon mes convictions. Je peux exercer avec bonne conscience la difficile profession de juge-pénitent où je me suis établi après tant de déboires et de contradictions, et dont il est temps, puisque vous partez, que je vous dise enfin ce qu'elle est.

Permettez auparavant que je me redresse pour mieux respirer. Oh! que je suis fatigué! Mettez mes juges sous clef, merci. Ce métier de juge-pénitent, je l'exerce en ce moment. D'habitude, mes bureaux se trouvent à *Mexico-City*. Mais les grandes vocations se prolongent au-delà du lieu de travail. Même au lit, même fiévreux, je fonctionne. Ce métier-là, d'ailleurs, on ne l'exerce pas, on le respire, à toute heure. Ne croyez pas en effet que, pendant cinq jours, je vous aie fait de si longs discours pour le seul plaisir. Non, j'ai assez parlé pour ne rien dire, autrefois. Maintenant mon discours est orienté. Il est orienté par l'idée, évidemment, de faire taire les rires, d'éviter personnellement le jugement, bien qu'il n'y ait, en apparence,

95. **alléchante** : alluring.

aucune issue. Le grand empêchement à y échapper n'est-il pas que nous sommes les premiers à nous condamner? Il faut donc commencer par étendre la condamnation à tous, sans discrimination, afin de la délayer déjà.

Pas d'excuses, jamais, pour personne, voilà mon principe, au départ. Je nie la bonne intention, l'erreur estimable, le faux pas, la circonstance atténuante. Chez moi, on ne bénit pas, on ne distribue pas d'absolution. On fait l'addition, simplement, et puis : « Ça fait tant. Vous êtes un pervers, un satyre, un mythomane, un pédéraste, un artiste, etc. » Comme ça. Aussi sec. En philosophie comme en politique, je suis donc pour toute théorie qui refuse l'innocence à l'homme et pour toute pratique qui le traite en coupable. Vous voyez en moi, très cher, un partisan éclairé de la servitude.

Sans elle, à vrai dire, il n'y a point de solution définitive. J'ai très vite compris cela. Autrefois, je n'avais que la liberté à la bouche. Je l'étendais au petit déjeuner sur mes tartines, je la mastiquais toute la journée, je portais dans le monde une haleine délicieusement rafraîchie à la liberté. J'assenais ce maître mot à quiconque me contredisait, je l'avais mis au service de mes désirs et de ma puissance. Je le murmurais au lit, dans l'oreille endormie de mes compagnes, et il m'aidait à les planter là. Je le glissais... Allons, je m'excite et je perds la mesure. Après tout, il m'est arrivé de faire de la liberté un usage plus désintéressé et même, jugez de ma naïveté, de la défendre deux ou trois fois, sans aller sans doute jusqu'à mourir pour elle, mais en prenant quelques risques. Il faut me pardonner ces imprudences; je ne savais pas ce que je faisais. Je ne savais pas que la liberté n'est pas une récompense, ni une décoration qu'on fête dans le champagne. Ni d'ailleurs un cadeau, une boîte de chatteries propres à vous donner des plaisirs de babines [96]. Oh! non, c'est une corvée, au contraire, et une course de fond, bien solitaire, bien exténuante. Pas de champagne, point d'amis qui lèvent leur verre en vous regardant avec tendresse. Seul dans une salle morose, seul dans le box, devant les juges, et seul pour décider devant soi-même ou devant le jugement des autres. Au bout de toute liberté, il y a une sentence; voilà pourquoi la liberté est trop lourde à porter, surtout lorsqu'on souffre de fièvre, ou qu'on a de la peine, ou qu'on n'aime personne.

Ah! mon cher, pour qui est seul, sans dieu et sans maître, le poids des jours est terrible. Il faut donc se choisir un maître, Dieu n'étant plus à la mode. Ce mot d'ailleurs n'a plus de sens; il ne vaut pas qu'on risque de choquer personne. Tenez, nos moralistes, si sérieux, aimant leur prochain et tout, rien ne les sépare, en somme, de l'état de chrétien, si ce n'est qu'ils ne prêchent pas dans les églises. Qu'est-ce qui les empêche, selon vous, de se convertir? Le respect, peut-être, le respect des hommes, oui, le respect humain. Ils ne veulent pas faire scandale, ils gardent leurs sentiments pour eux. J'ai connu ainsi un romancier athée qui priait tous les soirs. Ça n'empêchait rien: qu'est-ce qu'il passait à Dieu dans ses livres! Quelle dérouillée, comme dirait je ne sais plus qui! Un militant libre penseur à qui je m'en ouvris leva, sans mauvaise intention d'ailleurs, les bras au ciel : « Vous ne m'apprenez rien, soupirait cet apôtre, ils sont tous comme ça. » A l'en croire, quatre-vingts pour cent de nos écrivains, si seulement ils pouvaient ne pas signer, écriraient et salueraient le nom de Dieu. Mais ils signent, selon lui, parce qu'ils s'aiment, et ils ne saluent rien du tout, parce qu'ils se détestent. Comme

96. **babines** : « a box of dainties, designed to make you lick your chops » (*O'Brien*).

ils ne peuvent tout de même pas s'empêcher de juger, alors ils se rattrapent sur la morale. En somme, ils ont le satanisme vertueux. Drôle d'époque, vraiment! Quoi d'étonnant à ce que les esprits soient troublés et qu'un de mes amis, athée lorsqu'il était un mari irréprochable, se soit converti en devenant adultère!

Ah! les petits sournois, comédiens, hypocrites, si touchants avec ça! Croyez-moi, ils en sont tous, même quand ils incendient le ciel. Qu'ils soient athées ou dévots, moscovites ou bostoniens[97], tous chrétiens, de père en fils. Mais justement, il n'y a plus de père, plus de règle! On est libre, alors il faut se débrouiller et comme ils ne veulent surtout pas de liberté, ni de ses sentences, ils prient qu'on leur donne sur les doigts[98], ils inventent de terribles règles, ils courent construire des bûchers pour remplacer les églises. Des Savonarole[99], je vous dis. Mais ils ne croient qu'au péché, jamais à la grâce. Ils y pensent, bien sûr. La grâce, voilà ce qu'ils veulent, le oui, l'abandon, le bonheur d'être et qui sait, car ils sont sentimentaux aussi, les fiançailles, la jeune fille fraîche, l'homme droit, la musique. Moi, par exemple, qui ne suis pas sentimental, savez-vous ce dont j'ai rêvé : un amour complet de tout le cœur et le corps, jour et nuit, dans une étreinte incessante, jouissant et s'exaltant, et cela cinq années durant, et après quoi la mort. Hélas!

Alors, n'est-ce pas, faute de fiançailles ou de l'amour incessant, ce sera le mariage, brutal, avec la puissance et le fouet. L'essentiel est que tout devienne simple,

97. Moscovites or Bostonians : *Communists or transcendentalists.*
98. **donne sur les doigts** : « to be rapped on the knuckles » (*O'Brien*).
99. **Savonarola** : *A Dominican monk who, in the last years of the 15th century, in Florence, attacked the corruption of the Papal court, preached reform, and was put to death after it was proclaimed that under torture he had admitted he was a fake.*

comme pour l'enfant, que chaque acte soit commandé, que le bien et le mal soient désignés de façon arbitraire, donc évidente. Et moi, je suis d'accord, tout sicilien et javanais que je sois [100], avec ça pas chrétien pour un sou, bien que j'aie de l'amitié pour le premier d'entre eux [101]. Mais sur les ponts de Paris, j'ai appris moi aussi que j'avais peur de la liberté. Vive donc le maître, quel qu'il soit, pour remplacer la loi du ciel. « Notre père qui êtes provisoirement ici... Nos guides, nos chefs délicieusement sévères, ô conducteurs cruels bien-aimés... » Enfin, vous voyez, l'essentiel est de n'être plus libre et d'obéir, dans le repentir, à plus coquin que soi. Quand nous serons tous coupables, ce sera la démocratie. Sans compter, cher ami, qu'il faut se venger de devoir mourir seul. La mort est solitaire tandis que la servitude est collective. Les autres ont leur compte aussi, et en même temps que nous, voilà l'important. Tous réunis, enfin, mais à genoux, et la tête courbée.

N'est-il pas bon aussi bien de vivre à la ressemblance de la société et pour cela ne faut-il pas que la société me ressemble? La menace, le déshonneur, la police sont les sacrements de cette ressemblance. Méprisé, traqué, contraint, je puis alors donner ma pleine mesure, jouir de ce que je suis, être naturel enfin. Voilà pourquoi, très cher, après avoir salué solennellement la liberté, je décidai en catimini [102] qu'il fallait la remettre sans délai à n'importe qui. Et chaque fois que je le peux, je prêche dans mon église de *Mexico-City*, j'invite le bon peuple à se soumettre et à briguer

---

100. Sicilian and Javanese though I am. *This is this continuation of a theme that has run through Clamence's discourse since the beginning. Camus leaves it up to the reader to discover its significance.*

101. **le premier d'entre eux**: (eux=*the Christians*): the first of whom is Christ.

102. **en catimini**: secretly.

humblement les conforts de la servitude, quitte à la présenter comme la vraie liberté.

Mais je ne suis pas fou, je me rends bien compte que l'esclavage n'est pas pour demain. Ce sera un des bienfaits de l'avenir, voilà tout. D'ici là, je dois m'arranger du présent et chercher une solution, au moins provisoire. Il m'a donc fallu trouver un autre moyen d'étendre le jugement à tout le monde pour le rendre plus léger à mes propres épaules. J'ai trouvé ce moyen. Ouvrez un peu la fenêtre, je vous prie, il fait ici une chaleur extraordinaire. Pas trop, car j'ai froid aussi. Mon idée est à la fois simple et féconde. Comment mettre tout le monde dans le bain [103] pour avoir le droit de se sécher soi-même au soleil? Allais-je monter en chaire, comme beaucoup de mes illustres contemporains, et maudire l'humanité? Très dangereux ça! Un jour, ou une nuit, le rire éclate sans crier gare. La sentence que vous portez sur les autres finit par vous revenir dans la figure, tout droit, et y pratique quelques dégâts. Alors? dites-vous. Eh bien, voilà le coup de génie. J'ai découvert qu'en attendant la venue des maîtres et de leurs verges, nous devions, comme Copernic [104], inverser le raisonnement pour triompher. Puisqu'on ne pouvait condamner les autres sans aussitôt se juger, il fallait s'accabler soi-même pour avoir le droit de juger les autres. Puisque tout juge finit un jour pénitent, il fallait prendre la route en sens inverse et faire métier de pénitent pour pouvoir finir en juge. Vous me suivez? Bon. Mais pour être

103. **mettre... dans le bain :** to get someone unwittingly implicated. Literally, forced into the tub; *hence the end of the sentence.*
104. Copernicus : *the Polish astronomer and mathematician who, after years of study, accepted the concept of a helio-centered rather than geo-centric world. The exact significance of Clamence's allusion is rather obscure. It may allude to the fact that in an unsigned introduction to Copernicus's last great work his editor qualified the concept for fear of hostile reaction by the Church.*

encore plus clair, je vais vous dire comment je travaille.

J'ai d'abord fermé mon cabinet d'avocat, quitté Paris, voyagé; j'ai cherché à m'établir sous un autre nom dans quelque endroit où la pratique ne manquerait pas. Il y en a beaucoup dans le monde, mais le hasard, la commodité, l'ironie, et la nécessité aussi d'une certaine mortification, m'ont fait choisir une capitale d'eaux et de brumes, corsetée de canaux, particulièrement encombrée, et visitée par des hommes venus du monde entier. J'ai installé mon cabinet dans un bar du quartier des matelots. La clientèle des ports est diverse. Les pauvres ne vont pas dans les districts luxueux, tandis que les gens de qualité finissent toujours par échouer, une fois au moins, vous l'avez bien vu, dans les endroits mal famés. Je guette particulièrement le bourgeois, et le bourgeois qui s'égare; c'est avec lui que je donne mon plein rendement. Je tire de lui, en virtuose, les accents les plus raffinés.

J'exerce donc à *Mexico-City*, depuis quelque temps, mon utile profession. Elle consiste d'abord, vous en avez fait l'expérience, à pratiquer la confession publique aussi souvent que possible. Je m'accuse, en long et en large. Ce n'est pas difficile, j'ai maintenant de la mémoire. Mais attention, je ne m'accuse pas grossièrement, à grands coups sur la poitrine. Non, je navigue souplement, je multiplie les nuances, les digressions aussi, j'adapte enfin mon discours à l'auditeur, j'amène ce dernier à renchérir. Je mêle ce qui me concerne et ce qui regarde les autres. Je prends les traits communs, les expériences que nous avons ensemble souffertes, les faiblesses que nous partageons, le bon ton, l'homme du jour enfin, tel qu'il sévit en moi et chez les autres. Avec cela, je fabrique un portrait qui est celui de tous et de personne. Un masque, en somme, assez semblable à ceux du carnaval, à la fois fidèles et simplifiés, et devant lesquels on se dit : « Tiens, je l'ai rencontré, celui-là ! » Quand le portrait est terminé, comme ce soir, je le montre, plein de désolation : « Voilà, hélas ! ce que je suis. » Le réquisitoire [105] est achevé. Mais, du même coup, le portrait que je tends à mes contemporains devient miroir.

Couvert de cendres, m'arrachant lentement les cheveux, le visage labouré par les ongles, mais le regard perçant, je me tiens devant l'humanité entière, récapitulant mes hontes, sans perdre de vue l'effet que je produis, et disant : « J'étais le dernier des derniers. » Alors, insensiblement, je passe, dans mon discours, du « je » au « nous » [106]. Quand j'arrive au « voilà ce que nous sommes », le tour est joué, je peux leur dire leurs vérités. Je suis comme eux, bien sûr, nous sommes dans le même bouillon. J'ai cependant une supériorité, celle de le savoir, qui me donne le droit de parler. Vous voyez l'avantage, j'en suis sûr. Plus je m'accuse et plus j'ai le droit de vous juger. Mieux, je vous provoque à vous juger vous-même, ce qui me soulage d'autant. Ah ! mon cher, nous sommes d'étranges, de misérables créatures et, pour peu que nous revenions sur nos vies, les occasions ne manquent pas de nous étonner et de nous scandaliser nous-mêmes. Essayez. J'écouterai, soyez-en sûr, votre propre confession, avec un grand sentiment de fraternité.

Ne riez pas ! Oui, vous êtes un client difficile, je l'ai vu du premier coup. Mais vous y viendrez, c'est inévitable. La plupart des autres sont plus sentimentaux qu'intelligents ; on les désoriente tout de suite. Les intelligents, il faut y mettre le temps. Il suffit de leur expliquer la méthode à fond. Ils ne l'oublient pas, ils

---

105. **réquisitoire** : act of accusation.
106. *Note the slippage from* **je** *to* **nous** *to* **eux** *whereby the* « *penitent* » *becomes the judge.*

réfléchissent. Un jour ou l'autre, moitié par jeu, moitié par désarroi, ils se mettent à table. Vous, vous n'êtes pas seulement intelligent, vous avez l'air rodé [107]. Avouez cependant que vous vous sentez, aujourd'hui, moins content de vous-même que vous ne l'étiez il y a cinq jours? J'attendrai maintenant que vous m'écriviez ou que vous reveniez. Car vous reviendrez, j'en suis sûr! Vous me trouverez inchangé. Et pourquoi changerais-je puisque j'ai trouvé le bonheur qui me convient? J'ai accepté la duplicité au lieu de m'en désoler. Je m'y suis installé, au contraire, et j'y ai trouvé le confort que j'ai cherché toute ma vie. J'ai eu tort, au fond, de vous dire que l'essentiel était d'éviter le jugement. L'essentiel est de pouvoir tout se permettre, quitte à professer de temps en temps, à grands cris, sa propre indignité. Je me permets tout, à nouveau, et sans rire, cette fois. Je n'ai pas changé de vie, je continue de m'aimer et de me servir des autres. Seulement, la confession de mes fautes me permet de recommencer plus légèrement et de jouir deux fois, de ma nature d'abord, et ensuite d'un charmant repentir.

Depuis que j'ai trouvé ma solution, je m'abandonne à tout, aux femmes, à l'orgueil, à l'ennui, au ressentiment, et même à la fièvre qu'avec délices je sens monter en ce moment. Je règne enfin, mais pour toujours. J'ai encore trouvé un sommet, où je suis seul à grimper et d'où je peux juger tout le monde. Parfois, de loin en loin, quand la nuit est vraiment belle, j'entends un rire lointain, je doute à nouveau. Mais, vite, j'accable toutes choses, créatures et création, sous le poids de ma propre infirmité, et me voilà requinqué.

107. **Vous avez l'air rodé** : you seem to be a pretty sophisticated customer. **Roder une voiture** : to break in a new car.

J'attendrai donc vos hommages à *Mexico-City*, aussi longtemps qu'il le faudra. Mais ôtez cette couverture, je veux respirer. Vous viendrez, n'est-ce pas? Je vous montrerai même les détails de ma technique, car j'ai une sorte d'affection pour vous. Vous me verrez leur apprendre à longueur de nuit qu'ils sont infâmes. Dès ce soir, d'ailleurs, je recommencerai. Je ne puis m'en passer, ni me priver de ces moments où l'un d'eux s'écroule, l'alcool aidant, et se frappe la poitrine. Alors je grandis, très cher, je grandis, je respire librement, je suis sur la montagne, la plaine s'étend sous mes yeux. Quelle ivresse de se sentir Dieu le père et de distribuer des certificats définitifs de mauvaise vie et mœurs. Je trône parmi mes vilains anges, à la cime du ciel hollandais, je regarde monter vers moi, sortant des brumes et de l'eau, la multitude du Jugement dernier. Ils s'élèvent lentement, je vois arriver déjà le premier d'entre eux. Sur sa face égarée, à moitié cachée par une main, je lis la tristesse de la condition commune, et le désespoir de ne pouvoir y échapper. Et moi, je plains sans absoudre, je comprends sans pardonner et surtout, ah, je sens enfin que l'on m'adore!

Oui, je m'agite, comment resterais-je sagement couché? Il me faut être plus haut que vous, mes pensées me soulèvent. Ces nuits-là, ces matins plutôt, car la chute se produit à l'aube, je sors, je vais, d'une marche emportée, le long des canaux. Dans le ciel livide, les couches de plumes s'amincissent, les colombes remontent un peu, une lueur rosée annonce, au ras des toits, un nouveau jour de ma création. Sur le Damrak, le premier tramway fait tinter son timbre dans l'air humide et sonne l'éveil de la vie à l'extrémité de cette Europe où, au même moment, des centaines de millions d'hommes, mes sujets, se tirent péniblement du lit, la bouche amère, pour aller vers un travail sans joie. Alors, planant par la pensée au-dessus de tout ce continent qui m'est soumis sans le savoir, buvant le jour d'absinthe qui se lève, ivre enfin de mauvaises paroles, je suis heureux, je suis heureux, vous dis-je, je vous interdis de ne pas croire que je suis heureux, je suis heureux à mourir [108]. Oh! soleil, plages, et les îles sous les alizés, jeunesse dont le souvenir désespère!

Je me recouche, pardonnez-moi. Je crains de m'être exalté; je ne pleure pas, pourtant. On s'égare parfois, on doute de l'évidence, même quand on a découvert les secrets d'une bonne vie. Ma solution, bien sûr, ce n'est pas l'idéal. Mais quand on n'aime pas sa vie, quand on sait qu'il faut en changer, on n'a pas le choix, n'est-ce pas? Que faire pour être un autre? Impossible. Il faudrait n'être plus personne, s'oublier pour quelqu'un, une fois, au moins. Mais comment? Ne m'accablez pas trop. Je suis comme ce vieux mendiant qui ne voulait pas lâcher ma main, un jour, à la terrasse d'un café. « Ah monsieur, disait-il, ce n'est pas qu'on soit mauvais homme, mais on perd la lumière. » Oui, nous avons perdu la lumière, les matins, la sainte innocence de celui qui se pardonne à lui-même.

Regardez, la neige tombe! Oh, il faut que je sorte! Amsterdam endormie dans la nuit blanche, les canaux de jade sombre sous les petits ponts neigeux, les rues désertes, mes pas étouffés, ce sera la pureté, fugitive, avant la boue de demain. Voyez les énormes flocons qui s'ébouriffent contre les vitres. Ce sont les colombes, sûrement. Elles se décident enfin à descendre, ces chéries, elles couvrent les eaux et les toits d'une épaisse couche de plumes, elles palpitent à toutes les fenêtres. Quelle invasion! Espérons qu'elles apportent la bonne nouvelle. Tout le monde sera sauvé, hein, et pas seulement les élus, les richesses et les peines seront partagées et vous, par exemple, à partir d'aujourd'hui,

108. *Is this declaration convincing?*

vous coucherez toutes les nuits sur le sol, pour moi. Toute la lyre [109], quoi! Allons, avouez que vous resteriez pantois si un char descendait du ciel pour m'emporter, ou si la neige soudain prenait feu. Vous n'y croyez pas? Moi non plus. Mais il faut tout de même que je sorte.

Bon, bon, je me tiens tranquille, ne vous inquiétez pas! Ne vous fiez pas trop d'ailleurs à mes attendrissements, ni à mes délires. Ils sont dirigés. Tenez, maintenant que vous allez me parler de vous, je vais savoir si l'un des buts de ma passionnante confession est atteint. J'espère toujours, en effet, que mon interlocuteur sera policier et qu'il m'arrêtera pour le vol des *Juges intègres*. Pour le reste, n'est-ce pas, personne ne peut m'arrêter. Mais quant à ce vol, il tombe sous le coup de la loi et j'ai tout arrangé pour me rendre complice : je recèle ce tableau et le montre à qui veut le voir. Vous m'arrêteriez donc, ce serait un bon début. Peut-être s'occuperait-on ensuite du reste, on me décapiterait [110], par exemple, et je n'aurais plus peur de mourir, je serais sauvé. Au-dessus du peuple assemblé, vous élèveriez alors ma tête encore fraîche, pour qu'ils s'y reconnaissent et qu'à nouveau je les domine, exemplaire. Tout serait consommé, j'aurais achevé, ni vu ni connu, ma carrière de faux prophète qui crie dans le désert et refuse d'en sortir.

Mais, bien entendu, vous n'êtes pas policier, ce serait trop simple. Comment? Ah! je m'en doutais, voyez-vous. Cette étrange affection que je sentais pour vous avait donc du sens. Vous exercez à Paris la belle profession d'avocat! Je savais bien que nous étions de la même race. Ne sommes-nous pas tous semblables,

109. **toute la lyre :** the whole gamut. Literally, the full range of the scale of the lyre.
110. *Clamence fantasizes on the fate of John the Baptist, beheaded at the request of Herod's daughter, Salome.*

parlant sans trêve et à personne, confrontés toujours aux mêmes questions bien que nous connaissions d'avance les réponses? Alors, racontez-moi, je vous prie, ce qui vous est arrivé un soir sur les quais de la Seine et comment vous avez réussi à ne jamais risquer votre vie. Prononcez vous-même les mots qui, depuis des années, n'ont cessé de retentir dans mes nuits, et que je dirai enfin par votre bouche : « Ô jeune fille, jette-toi encore dans l'eau pour que j'aie une seconde fois la chance de nous sauver tous les deux! » Une seconde fois, hein, quelle imprudence! Supposez, cher maître, qu'on nous prenne au mot? Il faudrait s'exécuter [111]. Brr...! l'eau est si froide! Mais rassurons-nous! Il est trop tard, maintenant, il sera toujours trop tard. Heureusement!

---

111. **s'exécuter** : « to go through with it » (*O'Brien*).

Biography

Albert Camus (1913-1960), novelist, essayist, playwright, and journalist, was born in Mondovi, Algeria near Constantine. He remained deeply attached to his native land. His father, a farm laborer, was killed during World War I. The family lived in Algiers in dire poverty. A remarkable student, he was unable to take his degree in philosophy because of the pulmonary tuberculosis which plagued him all through his life. He started his career as a journalist, founded an amateur theatrical company and began to write. His first major works, *L'Étranger* and *Le Mythe de Sisyphe*, came out in 1942 during the War, followed by a play, *Caligula*. He participated in the Resistance movement in the *Combat* group. In 1947, *La Peste* was hailed as a great literary event. An essay, *L'Homme révolté* (1951), then the Algerian War plunged him in bitter ideological controversies. *La Chute* was published in 1956, followed by a book of short stories, *L'Exil et le Royaume*. Considered as one of the greatest French writers of the mid-century years, he won the Nobel Prize for Literature in 1957. He died in a car accident in 1960.

Bibliography

I. General Studies:

Brée, Germaine, *Camus*, New York, Harcourt, Brace & World, 1964. A penetrating, comprehensive introduction to Camus's life and work presented objectively with a sympathetic outlook by the leading Camus scholar.

Brée, Germaine, ed., *Camus; A Collection of Critical Essays*, Englewood Cliffs, N.J., Prentice-Hall, 1962.
A fine selection of essays dealing with diverse aspects of Camus's thought and opus.

Brisville, Jean-Claude, *Camus*, Paris Gallimard, La Bibliothèque Idéale, 1959. In the tradition of this useful series, this is a fine initial approach to Camus's life and work, with illustrations and a rich bibliography.

Cruickshank, John, *Albert Camus and the Literature of Revolt*, New York, Oxford University Press, 1960.
A general study principally concerned with Camus's ideas.

Ginestier, Paul, *Pour connaître la pensée de Camus*, Paris, Bordas, 1964. The stress is on Camus's approaches and attitudes as a means to providing an introduction to the basic tenets of his philosophical concepts and his humanism.

Lebesque, Morvan, *Camus par lui-même*, Paris, Le Seuil, Écrivains de toujours, 1963. A very useful general introduction to Camus through a close link between his life and works. Like many other volumes in this series, it is a good place to begin. Excellent illustrations.

Meagher, Robert E., ed., *Albert Camus: The Essential Writings*, New York, Harper Books, 1979.

Highly recommended. Meagher provides an in-depth analysis of the unfolding of Camus's work within the context of the governing myths that give it its impetus.

Nicolas, André, *Albert Camus ou le Vrai Prométhée*, Paris, Seghers, Collection Philosophes de tous les temps, 1966. With ample quotations from Camus's works, this volume leads into his thougth organized around the emblematic figures of Sisyphus and Prometheus.

Quilliot, Roger, *La Mer et les prisons. Essai sur Albert Camus.* Paris, Gallimard, 1970. An admirable study by one of the most gifted critics writing on Camus. Quilliot's close collaboration with Camus over several years brings to this book a number of very valuable insights.

II. Biography:

Lottman, Herbert, *Albert Camus : A Biography*, New York, Doubleday, 1979. A well-documented, controversial view of Camus's life, not always very sympathetic to the subject.

III. Political Background:

Brée, Germaine, *Camus and Sartre, Crisis and Commitment*, New York, Delta, 1972.
A comparative study of the two authors and their celebrated quarrel which supports Camus's positions.

Parker, Emmett, *The Artist in the Arena*, Madison, University of Wisconsin Press, 1965.
A well-documented study that maps the political positions of Camus, with particular attention to his editorials.

Tarrow, Susan, *Exile from the Kingdom: A Political Rereading of Albert Camus*, University, Alabama, The University of Alabama Press, 1985.
An invaluable up-to-date study: Chapters 7 and 8 are particularly relevant to *The Fall*.

IV. Articles in English exclusively on *La Chute*:

Barchilon, Jose, "A study of Camus's Mythopoetic Tale, *The Fall*", in *Journal of the American Psychoanalytic Association* 19, no. 2 (April 1971).
This Freudian reading of *The Fall* by a psychoanalyst, although controversial, is challenging.
Sperber, Michael, "Camus's *The Fall:* The Icarus Complex", *American Imago* 26, no. 3 (Fall, 1969).
An original approach.

V. Articles in French exclusively on *La Chute:*

Fitch, Brian, "Une voix qui se parle, qui nous parle, que nous parlons, ou l'espace théâtral de *La Chute*", in *Revue des lettres modernes (Cahiers Albert Camus* 4), 1970.
A brilliant formal analysis of the narrative strategies in *La Chute*.
Gassin, Jean "*La Chute* et le retable de l'Agneau impliqué", in *Albert Camus 1980*, Gainesville, University Presses of Florida, 1980.
A good carefully documented essay analyzing the central motif of the Van Eyck painting and its significance.
Lévi-Valensi, Jaqueline, "*La Chute* ou la parole en procès", in *Revue des lettres modernes (Cahiers Albert Camus* 4), 1970.

VI. Bibliography:

Kellman, Stephen, ed., *Approaches to Teaching Camus's The Plague*, New York, M.L.A., 1985.
Noteworthy for the substantial bibliography on pages 123-129.

Composé par
la Société Nouvelle Firmin-Didot
à Mesnil-sur-l'Estrée
et achevé d'imprimer
par la SEPC à Saint-Amand (Cher)
le 4 avril 1986.
Dépôt légal : avril 1986.
Numéro d'éditeur : 37364.
Numéro d'imprimeur : 638.
Imprimé en France.